JH208227

思考の
5分ドリル
5minutes Drill for Thinking

3つの思考法と
24のビジネスフレームワーク

■著 吉澤準特

SE
SHOEISHA

はじめに

あの人は頭がよいから、論理的に考えられる。
あの人は頭がよいから、発想力が豊かだ。
あの人は頭がよいから、物事の本質をつかんでいる。

これらは事実でしょうか？
私はそうは思いません。

論理的に考えることができるのは、論理的に考える方法を理解しているからです。発想力が豊かなのは、水平方向にアイデアを広げる方法を理解しているからです。物事の本質をつかめているのは、物事を探究する方法を理解しているからです。

たしかに頭がよい人は自然とこうした考え方ができるでしょう。しかし、あらかじめ考える方法を知っていれば、同じように考えることができるのです。周囲から見れば、あなたがどちらであるか区別はつきません。

この本は、「頭のよさに自信がなくても、頭がよい人と同じレベルで思考できるようになる」ことを目的に作りました。

そんなことが本当にできるのだろうか？
そう思ったあなたに解いてほしい問題があります。

ページをめくって、考えてみてください。

シャツをだらしなく着させない

　ある学校では、ズボン・スカートからシャツを出して制服を着こなす生徒が増えており、見た目がだらしないため、先生たちは困っています。

　どうしたら生徒たちにだらしない着方をさせずに済むでしょうか？

サービスポイントで損をしない

　サービスポイントの発行は売上促進に役立ちますが、発行済みのポイントをすべて使われてしまうと発行元企業の利益が減少します。
　ポイントによる利益減をできるだけ減らすにはどうしたらよいでしょうか？

ある学校では、ズボン・スカートからシャツを出して制服を着こなす生徒が増えており、見た目がだらしないため、先生たちは困っています。どうしたら生徒たちにだらしない着方をさせずに済むでしょうか？

3つの案を考えました。

だらしなく制服を着させたくない、それなら「風紀指導を徹底」すればいいでしょう。しかし、発想を転換して「シャツの裾に名前欄をつける」ことで、むしろ恥ずかしさから自発的にズボン・スカートの中に隠すようになります。ですが、そもそも「裾が出ても自然なポロシャツを制服にする」ならば、裾を出そうが出すまいがだらしなく着こなすことがなくなります。

回 答 案 1	それなら…
	風紀指導を徹底する
回 答 案 2	むしろ…
	裾に名前欄をつけて自発的に隠させる
回 答 案 3	そもそも…
	裾が出ても自然なポロシャツにする

問題 2 → 回答例

サービスポイントの発行は売上促進に役立ちますが、発行済みのポイントをすべて使われてしまうと発行元企業の利益が減少します。ポイントによる利益減をできるだけ減らすにはどうしたらよいでしょうか？

3つの案を考えました。

ポイントを使わせたくない、それなら「失効日を設定」すればいいでしょう。しかし、発想を転換してセゾンカードのように「失効無期限化」することで、むしろポイントの存在を気にしなくなって使わなくなることもありえます。ですが、楽天カードのように、そもそも「利益率の高い商品をポイント率アップ」して、ポイントを払う以上に利益があれば、損をすることはありません。

回答案 1

それなら…

失効日を設定する

回答案 2

むしろ…

失効を無期限化する

回答案 3

そもそも…

高利益率商品の
ポイント率をアップする

◯ 3つの思考法

　問題はどちらも3通りの回答を挙げていますが、これらはいずれも3つの共通した考え方に沿って答えを出しています。

　1つめの考え方は「ロジカルシンキング（垂直思考・論理的思考）」です。「それなら…」と客観的に正しい答えをゴールと考え、そこへ向けた道筋を切り開く「ドリル」をイメージしてください。

　ただし、まっすぐ突き進むことが最短経路になるとは限りません。大きな問題が行く手を塞いでいる場合、その解決には多大な労力を要します。

　2つめの考え方は「ラテラルシンキング（水平思考）」です。「むしろ…」と問題を避けたり減らして効率的に取り組みます。さまざまな方向性から問題を捉える「双眼鏡」をイメージしてください。

　ただし、掘り進め方に工夫や思案を凝らしても、道が進むに適していないこともあります。前提条件が厳しいなら、その見直しも考えるべきです。

　3つめの考え方は「クリティカルシンキング（探究思考・批判的思考）」です。「そもそも…」とラテラル・ロジカルに考える最適アプローチを見つけます。全体を確かめる「地図」をイメージしてください。

　ただし、見直しをやりすぎると、中身を議論する時間が不足して期限に間に合わなくなります。時間制限を設けた取り組み方が必要です。

　頭がよい人は、ごく自然にこれら3つの思考法を組み合わせて、問題を解くことができます。しかし、やり方さえ知っていれば、誰であっても同じ答えに考え至ることもできるのです。私はこのやり方を「ビジネス思考フレームワークモデル」と呼んでいます。

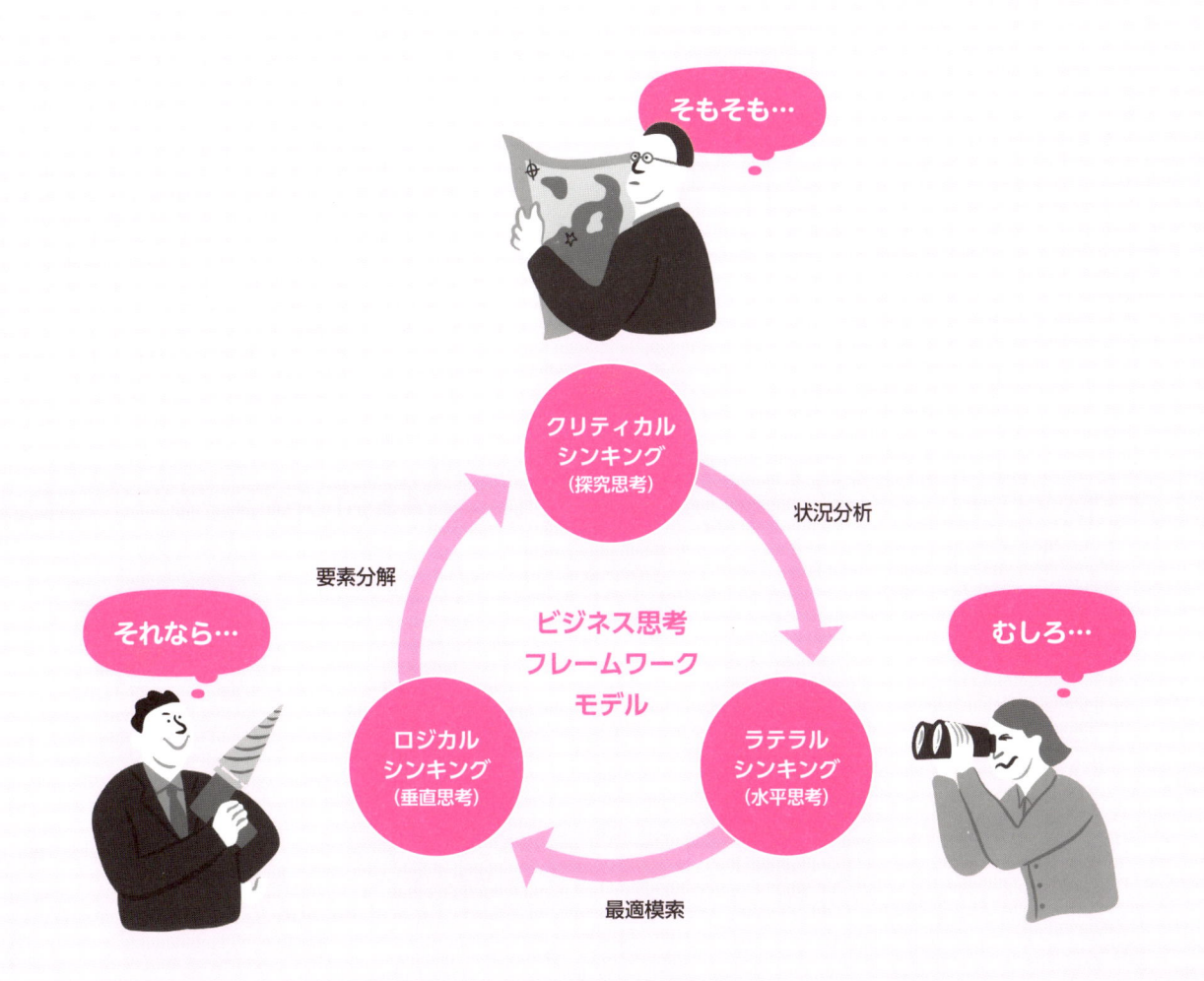

⬤ ビジネス思考フレームワークモデル

　本書では、ロジカル／ラテラル／クリティカルシンキングをするために役立つ考え方を、ビジネス思考フレームワークモデルとしてまとめ、それぞれケース問題と解説を用意しました。

　ロジカルシンキングでは、対象を「広がり」・「深さ」・「並び」・「つながり」の切り口で整理するフレームワークを覚えることができます。

　ラテラルシンキングでは、対象を「ひらめき」・「ムリヤリ」・「マネ」の切り口で整理するフレームワークを覚えることができます。

　クリティカルシンキングでは、対象を「見える化」・「対比」・「思い込み」の切り口で整理するフレームワークを覚えることができます。

　本書のケース問題は単なるクイズではありません。普段の生活や学校、仕事で遭遇する「考えること」が要求される場面を切り出しています。面白かったという感想で終わるのではなく、今日から使ってみようと思える内容になっています。

　最初から順々に読み進めてもよいですし、あなたの気になる箇所から読み始めてもかまいません。さまざまな考えるやり方（フレームワーク）に触れて、頭の中の引き出しを少しずつ増やしていきましょう。

　なお、本書で紹介するフレームワークを含めて、ロジカル／ラテラル／クリティカルシンキングに関する情報をウェブ上で発信しており、ワークショップも提供しています。3つの思考法をもっと知りたい方はぜひ「吉澤準特」のキーワードで検索してみてください！

2024年9月　吉澤準特

それなら…　むしろ…　そもそも…

ロジカルシンキング			
広がり	深さ	並び	つながり
MECE	ロジックツリー	IPO	親和図法
ベン図	ピラミッドストラクチャー	TOC	
		FABE法/BEAF法	
		PREP法/DESC法	

ラテラルシンキング		
ひらめき	ムリヤリ	マネ
ブレインストーミング	改善点列挙法	ミミック＆ミメーシス
因果関係/相関関係	ECRS	シネクティクス法
	SCAMPER	

クリティカルシンキング		
見える化	対比	思いこみ
ヒストグラム	Pros & Cons	PAC思考
BATNA/ZOPA	Fit & GAP	オッカムの剃刀
	ジレンマ	認知バイアス/行動科学

Contents

Chapter 2
ラテラルシンキング

Chapter 3

クリティカルシンキング

本書の読み方

本書の各セクションは以下の構成になっています（一部セクションは手順のページ数が多いものがあります）。

最初にケース問題を読み、次にケース問題を解くために必要なフレームワークの解説を読んで、自分で解決法を考えてから、回答パートを読むようにしてください。考える力を一層向上させることができます。

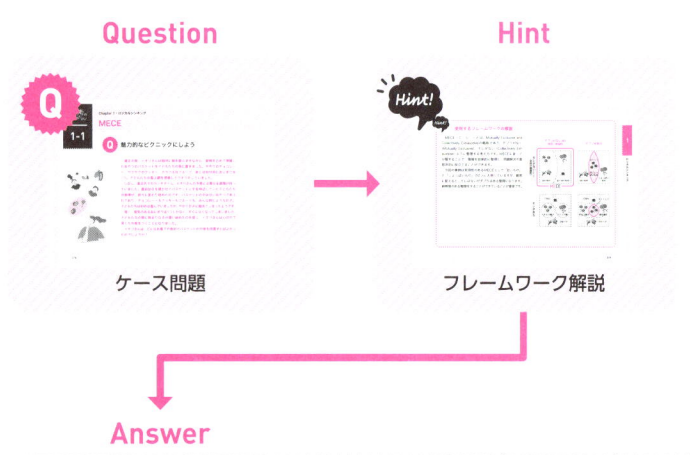

Question — ケース問題

Hint — フレームワーク解説

Answer

回答 - 手順 1　　回答 - 手順 2　　回答 - 手順 3　　回答 - その後

Chapter 1

ロジカルシンキング

Chapter 1：ロジカルシンキング

MECE

Q 魅力的なピクニックにしよう

　遠足の朝、イオリさんは期待に胸を膨らませながら、愛情を込めて準備したおやつのバスケットを子どもたちの前に置きました。手作りのチョコレート、サクサクのクッキー、カラフルなフルーツ、あとは自分用におにぎりを1つ。子どもたちの喜ぶ顔を想像してウキウキしていました。

　しかし、遠足先でのランチタイム、イオリさんの予想とは異なる展開が待っていました。最初は目を輝かせてバスケットに手を伸ばしていた子どもたちの表情が、徐々に変わり始めたのです。バスケットの中は甘いおやつであふれており、チョコレートもクッキーもフルーツも、みんな同じような甘さ。子どもたちは初めは喜んでいましたが、やがて甘さに飽きてしまったようです。

　唯一、塩気のあるおにぎりは1つしかなく、すぐになくなってしまいました。子どもたちの間に物足りなさが漂い始めたのを感じ、イオリさんは心の中で深くため息をつくことになりました。

　イオリさんは、どんなお菓子や食材でバスケットの中身を用意すればよかったのでしょうか？

Hint!

使用するフレームワークの解説

　MECE（ミーシー）とは、Mutually Exclusive and Collectively Exhaustive の略称であり、ダブリがなく（Mutually Exclusive）、モレがない（Collectively Exhaustive）ように整理する考え方です。MECEに従って分類することで、情報を効果的に整理し、問題解決や意思決定に役立てることができます。

　今回の事例は実用性のあるMECEとして「甘いもの」と「しょっぱいもの」の2つに大別していますが、厳密に捉えると、モレはないがダブリはある整理になります。納得感のある整理をすることができていることが重要です。

ダブリがない ME（相互に排他的）

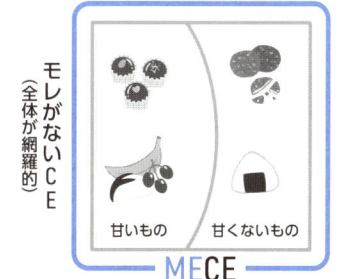

甘いもの　甘くないもの

ME CE

ダブリがある

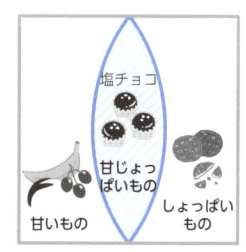

塩チョコ
甘じょっぱいもの
甘いもの　しょっぱいもの

モレがないCE（全体が網羅的）

モレがある

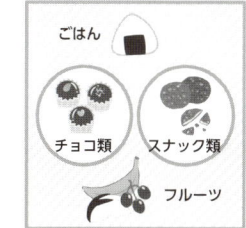

ごはん
チョコ類　スナック類
フルーツ

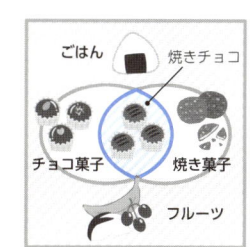

ごはん　焼きチョコ
チョコ菓子　焼き菓子
フルーツ

① 大別する

　次の週、イオリさんはバスケットの中身選びの失敗を反省し、今度は同じ失敗をしないように何をしたらいいか考えます。

　前回は、甘いものに偏ってしまい、みんながバスケットの中身に飽きてしまいました。そこでピクニックバスケットの中身を分類してみることにします。

　まず、おやつを「甘いもの」と「しょっぱいもの」という2つの大きなカテゴリーに大別することにします。この方法で、子どもたちが甘いお菓子だけでなく、塩気のあるお菓子も楽しめるよう、中身の量を調整できるはずです。

甘いもの　　　　　しょっぱいもの

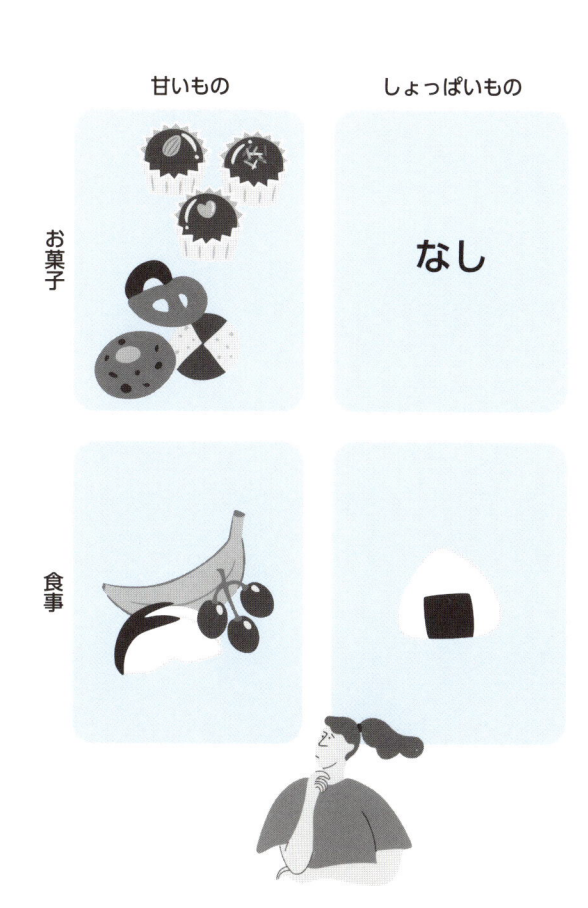

② 細分化する

　どうせ見直すならバランスにも気を使いたい、イオリさんはそう考えて、バスケットの中身をさらに細分化することにします。

　「甘いもの」カテゴリーでは、チョコレートとクッキーを「お菓子」に、フルーツを「食事」に分類し、「しょっぱいもの」のカテゴリーには、おにぎりを「食事」として分類しました。

　その結果、しょっぱいものにもお菓子カテゴリーの食べ物を用意したほうが、子どもたちも喜んでくれるだろうとイオリさんは気づきます。

甘いもの　　　しょっぱいもの

お菓子

なし

食事

Answer

③ モレとダブリを見直す

　遠足の日、イオリさんは新しい組み合わせをバスケットに詰めて、再び子どもたちの前に置きました。

　今回のバスケットには、甘いものとしょっぱいものが、お菓子と食事でそれぞれ含まれるよう配置しています。クッキーをせんべいに変更したことで、甘さとしょっぱさ、お菓子と食事が1種類ずつ含まれるようになりました。

　ランチタイムになると、子どもたちは新しいバスケットの内容に目を輝かせました。おにぎりとフルーツを食べて少し遊んだのち、戻ってきてせんべいとチョコレートに手を伸ばし、「もっと食べたい」と喜ぶ子どもたちの笑顔を見て、イオリさんは心からの満足を感じました。

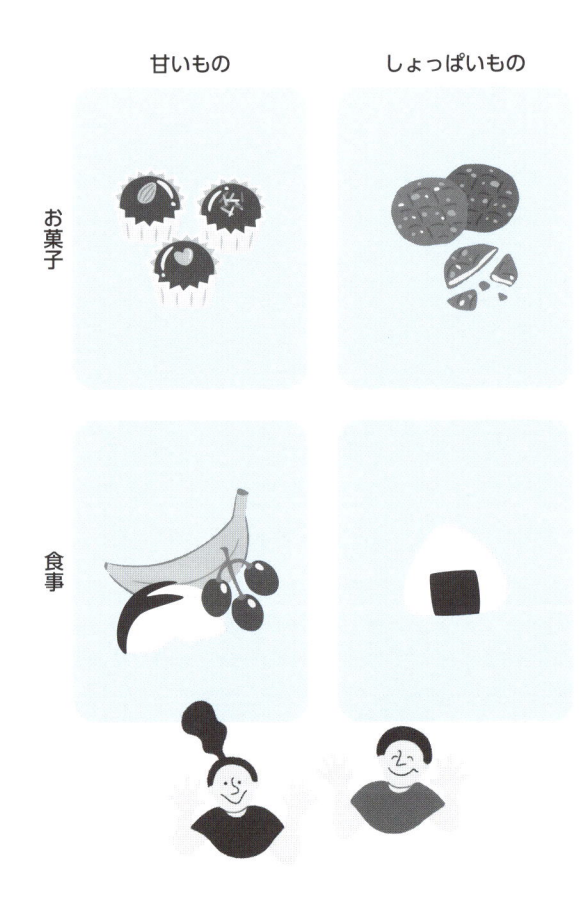

遠足が終わり、イオリさんは一日の出来事を振り返りました。

今回は味の組み合わせのバランスが取れるように意識しました。しかし、子どもたちは成長期ですから、栄養バランス、特にタンパク質と脂質に気をつけたほうがよかったと反省します。

次回からは、食事枠とお菓子枠のそれぞれに、タンパク質と脂質の量も含めて考慮し、合計値が過剰にならないよう管理することにしました。

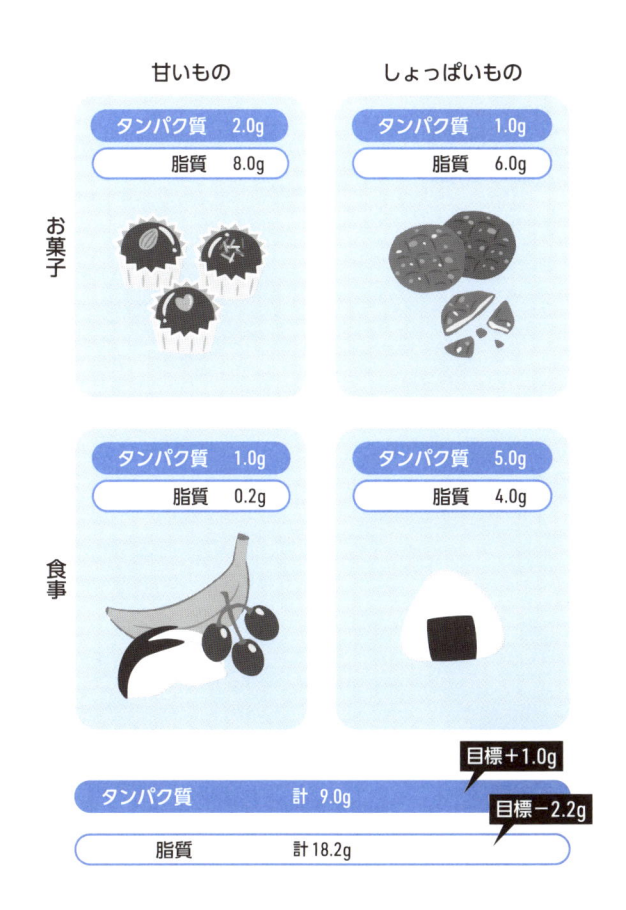

甘いもの

しょっぱいもの

お菓子

| タンパク質 | 2.0g |
| 脂質 | 8.0g |

| タンパク質 | 1.0g |
| 脂質 | 6.0g |

食事

| タンパク質 | 1.0g |
| 脂質 | 0.2g |

| タンパク質 | 5.0g |
| 脂質 | 4.0g |

目標＋1.0g

目標－2.2g

| タンパク質 | 計 9.0g |
| 脂質 | 計18.2g |

ベン図

 **Q** 2人で楽しめる趣味を見つけよう

　ニーナさんは、彼氏のフトシくんと共通の趣味を見つけることに奮闘していました。ニーナさんは映画鑑賞、洋楽全般、料理、恋愛小説、ジョギングが好きで、一方フトシくんはRAP、登山、写真撮影、怖い話、野球が好きです。共通の趣味を探す過程で、どちらかが譲歩すればまとまるだろうとニーナさんは考えていました。

　2人は映画館に行ったり、ライブに足を運んだりしましたが、映画の選択で意見が合わず、音楽の好みもまちまちです。料理に関しては、ニーナさんは作るのが好きですが、フトシくんは食べるのが好き、ジョギングと登山では一方がいつも疲れ果ててしまいます。いつもデートはどちらか片方の一時的な楽しさに終わり、2人で楽しい時間を過ごすことはできていません。

　2人が一緒に楽しい時間を過ごすためには、どのように共通の趣味を見つけて取り組むのがよいでしょうか？

使用するフレームワークの解説

　ベン図は、複数の集合の共通点と相違点を視覚的に表現するために使用される図です。円を使って集合を表現し、重なり合う部分に共通の要素を示すことで、集合間の関係性をわかりやすく表現します。

　問題解決や意思決定の過程で、情報を整理し、視覚的に比較することがベン図で行えるため、多くの分野で活用されています。たとえば、ビジネスで競合分析を行う際に、自社と競合企業の製品やサービスの類似点と相違点を明確にするために使用されることがあります。また、教育や研究の分野でも、概念やアイデアの関係性を整理し、理解を深めるために利用されています。

　ベン図で情報を簡潔かつ視覚的に整理および比較することで、問題解決や意思決定のプロセスを効率化することができます。

　右図はコロナ禍における「三密」を回避することを国民に呼びかける際によく用いられたベン図です。当時、説明を単純化するのにとても役立ちました。

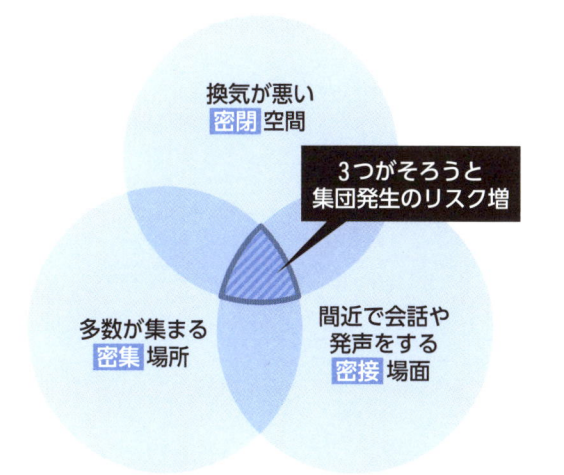

Answer

① 要素を書き出す

　ニーナさんは、フトシくんとの共通の趣味を見つけるために新たな試みに着手しました。彼女はベン図という方法を用いて、2人の趣味を視覚的に整理することにしました。

　ニーナさんはノートに2つの円を描き、1つには自分の趣味、もう1つにはフトシくんの趣味を書き込んでいきました。

　ニーナさんの円には「映画鑑賞」「料理」「ジョギング」「洋楽全般」「恋愛小説」と書き、フトシくんの趣味には「登山」「写真撮影」「野球」「RAP」「怖い話」を記入しました。

② 共通点を括る

ニーナさんは続けて、フトシくんと話し合って共通の趣味となる要素を探しました。すると、「恋愛小説」と「怖い話」はどちらも「先が読めない話を楽しむ」ところに共通点があることがわかりました。

また、「洋楽全般」と「RAP」はどちらも「洋楽の最新ヒットソングを聴く」ことでほぼ満たされることにも気づきました。

そこで、2つの丸を重ね合わせて、書き換えた共通点「先が読めない話を楽しむ」と「洋楽の最新ヒットソングを聴く」を重なった部分に書き加えました。

これにより、2人の趣味の共通点が明確になり、ニーナさんは少しワクワクし始めました。彼女は、このベン図が2人の関係に新たな息吹をもたらすことを期待していました。

③ 共通点を深掘りする

　ニーナさんはベン図を眺めながら、2つの共通の趣味について一緒にできることを考えました。

　先が見えない話ということは、どんでん返しのある作品でしょう。お互いにそういう小説を探して、相手に紹介したら面白そうです。洋楽の最新ヒットソングを聴くのは、何かをしながらという状況になるでしょう。2人で過ごすシチュエーションを思い浮かべれば、ドライブ中に聴くのが向いていそうだと気づきます。

　ニーナさんは整理した結果をフトシくんに提案しました。

　「どんでん返しのある小説をお互い探してみようよ」

　「ドライブでは洋楽ヒットチャートを流そうね」

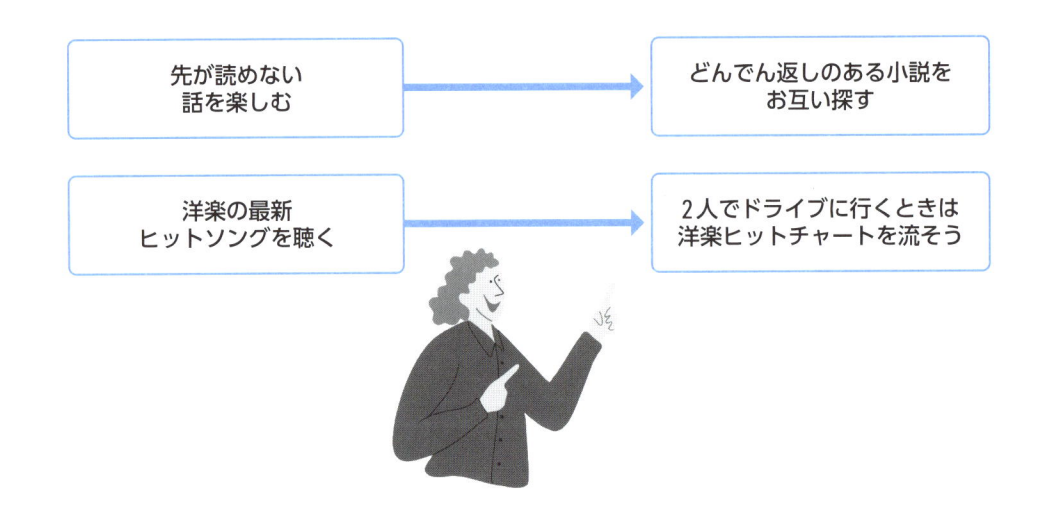

| 先が読めない話を楽しむ | → | どんでん返しのある小説をお互い探す |
| 洋楽の最新ヒットソングを聴く | → | 2人でドライブに行くときは洋楽ヒットチャートを流そう |

その後 共通点を定期的に見直す

　共通の趣味を深掘りすることができたニーナさんは、フトシくんとのマンネリ化した関係に新たな光が差し込むことを感じています。

　今では、ラストのどんでん返しが面白い小説をお互いに紹介し合って、その感想をカフェで話し合う時間ができました。ドライブ中にお互いの好きな曲に触れるようになって、毎月お互いのプレイリストを交換し合うことも始めました。

　ベン図のような視覚的なツールを使うことで、お互いの共通点を明示して何を対象にするか考えることが楽になることを2人は理解しました。これからも、2人の関係がマンネリ化したときには、ベン図を使ってまた新しい共通の趣味を見つけることができるでしょう。

映画鑑賞

ジョギング

料理

どんでん返しの小説の紹介

洋楽プレイリストの交換

写真撮影

登山

野球

Chapter 1：ロジカルシンキング

MECEとベン図

Q ゲーム市場の規模を正しく捉えよう

　サトシさんは、ゲーム開発会社「ネクサス・バイナリ」のマーケット分析担当者です。昨年、彼には新しい販売戦略を考え出すという重大な任務が与えられていました。

　ゲーム市場にはPCゲーム、スマホゲーム、家庭用ゲームの3つがあり、サトシさんはそれぞれのゲーム人口を単純に独立したものとして捉えて、それぞれの市場で新ゲームの売上予測を立てました。

　それら売上予測に基づくマーケティング・キャンペーンを実施したのですが、売上予測を大きく下回る販売結果となってしまいました。

　サトシさんは多くのゲーマーがプラットフォームを横断して複数のゲームを楽しんでいるということを見落としており、キャンペーンのメッセージが重複したり、相互に競合してしまいました。

　今年、サトシさんはもう一度別のゲームについてマーケティング・キャンペーンを担当することになりました。今回は3つのゲーム市場の規模と関係を正しく捉えたいと思います。どのように市場規模を分析すればよいでしょうか？

使用するフレームワークの解説

　MECEとベン図を組み合わせることで、情報を整理し、問題解決や意思決定において高い効果を発揮することができます。

　MECEによって情報をもれなくダブリのないカテゴリーに整理し、それをベン図で視覚化することで、情報の構造が明確になり、問題解決や意思決定プロセスが効率化されます。

　複雑な情報や多様なデータが関わる問題では、その関係性を直感的に理解しやすくなります。情報のギャップや重複が視覚的に捉えやすくもなるため、分析の精度を向上させることができます。

　注意すべき点として、MECEによる情報の整理は非常に有効ですが、すべての情報をこの原則に当てはめよ

うとすると、現実の複雑さやニュアンスを見失いがちです。また、ベン図で単純化されすぎると、重要な情報が省略されたり、文脈が無視されるリスクがあります。時間の経過とともに情報も変化するため、一度作成したカテゴリーやベン図が常に最適であるとは限りません。そのため、定期的な見直しや、現実の複雑さを捉えるための追加的な分析が必要になることがあります。

　MECEとベン図を組み合わせることで、情報を体系的に整理し、問題解決や意思決定を支援する強力なフレームワークを構築できます。しかし、これらのツールを使用する際には、適切な文脈の中で情報を扱い、その限界を理解することが不可欠です。

① 要素の関係を明示する

　サトシさんは、過去の失敗を踏まえ、新しい販売戦略を練るためにベン図を用いることにしました。

　今回リリースするゲームはマルチプラットフォーム対応であり、PCからもスマホからも家庭用ゲーム機からも同じゲームサーバーにアクセスして遊ぶことができます。そこで、PCゲーム、スマホゲーム、家庭用ゲームを代表する3つの領域を四角形で描きました。

　各領域はそれぞれのゲーム市場を表すものとします。各市場にどれだけのゲームユーザーがいるのか、複数のゲーム機で遊んでいるユーザーをどの程度考慮する必要があるのか、重なり合っている部分を可視化することで、ゲーム市場を正確に捉えていくことにします。

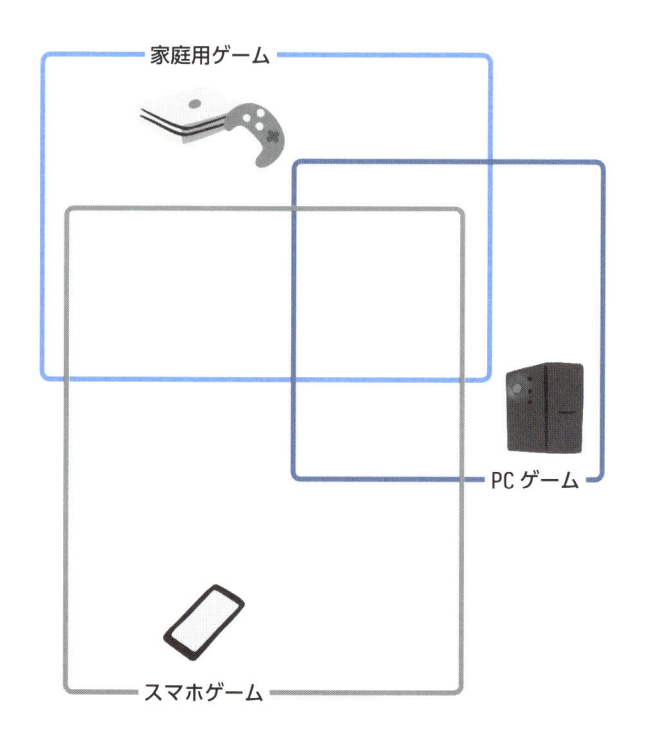

② 要素の大きさを把握する

　サトシさんは、各ゲーム市場のゲーム人口を把握するため、調査会社にリサーチを依頼しました。

　一次調査の結果、PCゲームで1,526万人、スマホゲームで3,976万人、家庭用ゲームで2,707万人のゲームプレイヤーがいることがわかり、それぞれの領域に数字を記入しました。

　ここまでは昨年の売上予測でも整理しています。問題になるのは、各要素の重なりにどれだけ多くのゲームプレイヤーが存在するかという点です。そこで調査会社には、各ゲーム市場の重複プレイヤーの人口を継続してリサーチしてもらうことにします。

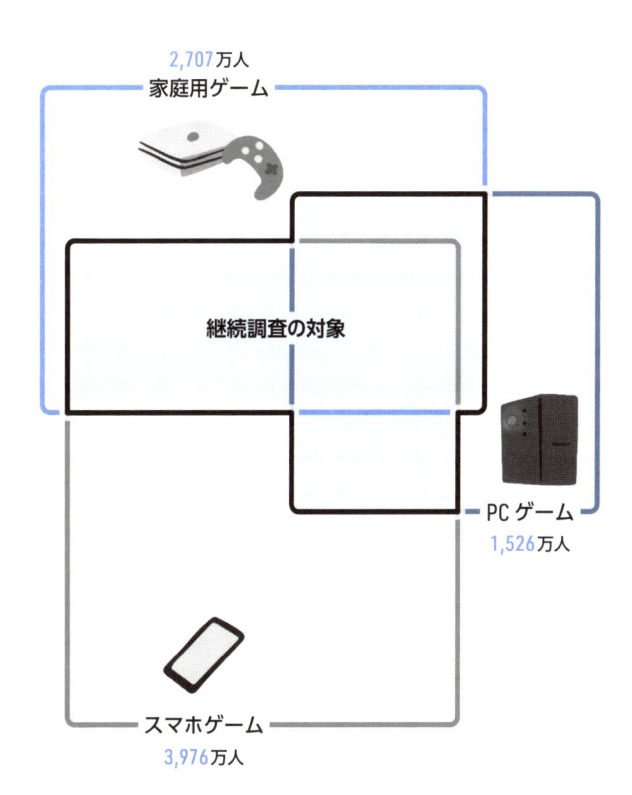

2,707万人
家庭用ゲーム

継続調査の対象

PC ゲーム
1,526万人

スマホゲーム
3,976万人

Answer

❸ 重複部分を MECE で把握する

　調査会社から続報が入り、各ゲーム市場の重複プレイヤー数を、もれなくダブりのない（MECEになる）よう図に書き込みました。

　当初、各ゲーム市場のゲーム人口を単純に合計すると8,209万人でしたが、重複プレイヤーの合計数は2,280万人もいたため、純粋なゲーム人口は5,273万人だとわかりました。これだけ大きな数字を重複してカウントしていれば、売上予測も大きく外れるはずだとサトシさんは驚きます。

　複数のゲーム市場を横断してゲームを楽しんでいるプレイヤーの規模がわかれば、あとはそれぞれの規模に応じたマーケティング・キャンペーンを考えるだけです。

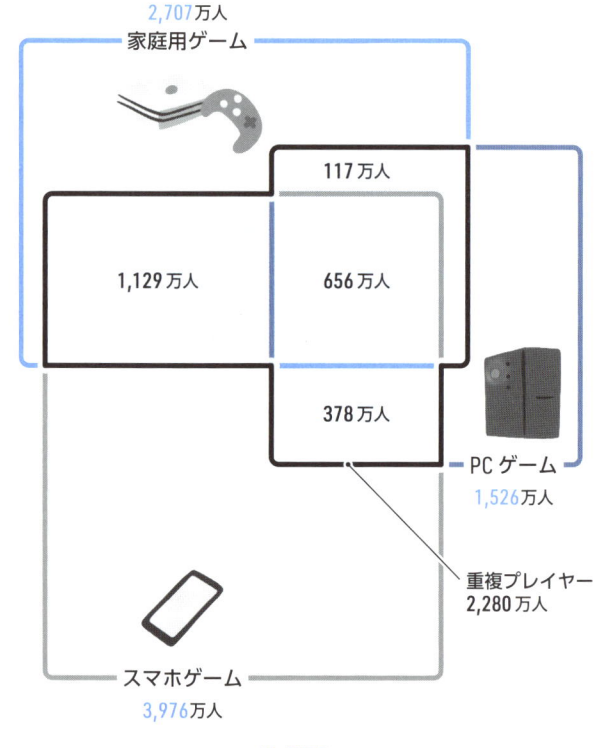

2,707万人
家庭用ゲーム

117万人

1,129万人　656万人

378万人

PCゲーム
1,526万人

重複プレイヤー
2,280万人

スマホゲーム
3,976万人

ゲーム総人口＝5,273万人

その後 各要素でアクションを考える

　完成したベン図を踏まえ、個々のゲーム機向けの特典配布だけでなく、複数のゲーム機で遊んでいるゲームプレイヤーに向けて、プラス料金を払えば別のゲーム機でも遊べるオプションを展開します。

　この新しいマーケティング・キャンペーンは話題になり、売上のさらなる向上と潜在プレイヤーの獲得に大きく寄与しました。サトシさんはMECEとベン図による正確な市場分析の重要性を理解し、以降のキャンペーン戦略にそれを応用することで、業界内での評価を不動のものとすることができました。

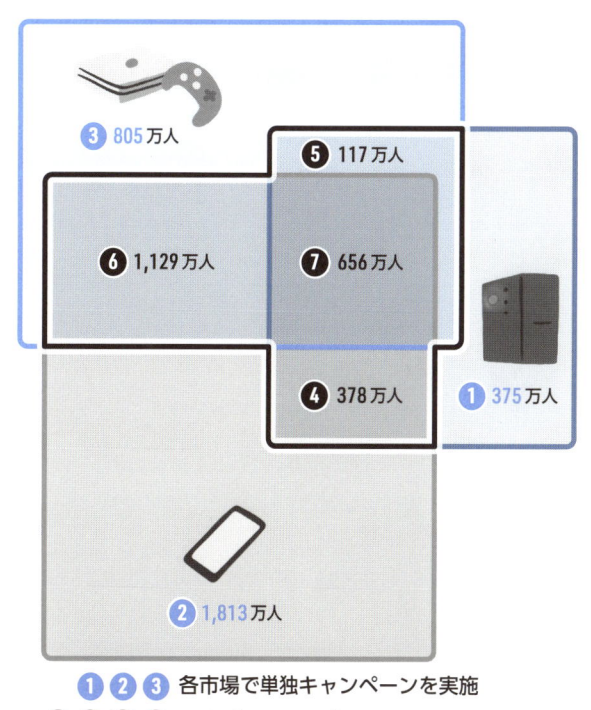

3 805万人

5 117万人

6 1,129万人

7 656万人

4 378万人

1 375万人

2 1,813万人

1 2 3 各市場で単独キャンペーンを実施
4 5 6 7 複数ゲーム機でプレイできる特典
キャンペーンを実施

ロジックツリー

 **Q** 売れるスマートウォッチを作ろう

ヨーコさんは新製品開発チームのリーダーであり、創意工夫の意欲に満ちあふれていました。チームは市場に投入するスマートウォッチのアイデアを豊富に持っていましたが、その多さが欠点にもなり、どの方向に進むべきかを決めかねていました。

　直感と熱意にあふれる議論を経て、製品化の方向性を決めたとき、チームは機能性を最優先し、デザインと価格の優先度を下げました。

　その結果、価格は高めですが機能性に優れた落ち着きのあるスマートウォッチが完成しました。これを市場へテスト投入したのですが、機能満載だが使い勝手が悪く、見た目にも魅力がない、などと評価はかんばしくありません。

　挫折を経験したヨーコさんのチームですが、もう一度スマートウォッチのコンセプトを検証する機会をマネジメント層から与えられました。どのように取り組むべきでしょうか？

使用するフレームワークの解説

　ロジックツリーは、問題を分解し、それぞれの要素を体系的に整理する強力なツールです。この方法を使えば、複雑な問題を小さく、扱いやすい部分に分けて考えることができます。

　効果的なロジックツリーは「深さ」と「広がり」がそろっています。要素分解の「深さ」を適度にするには、要素を段階的に掘り下げます。要素分解の「広がり」をもれなくカバーするには、MECEの考え方でロジックツリーの幅を論理的に細分化します。

　ロジックツリーを使う際、問題を過度に単純化しすぎると、重要な要素を見落としてしまう恐れがあります。実際の複雑さを適切に反映させ、柔軟性を保つことが重要です。作成したフレームワークの構造に固執すると、新しい情報や視点を取り入れにくくなることにも注意しましょう。

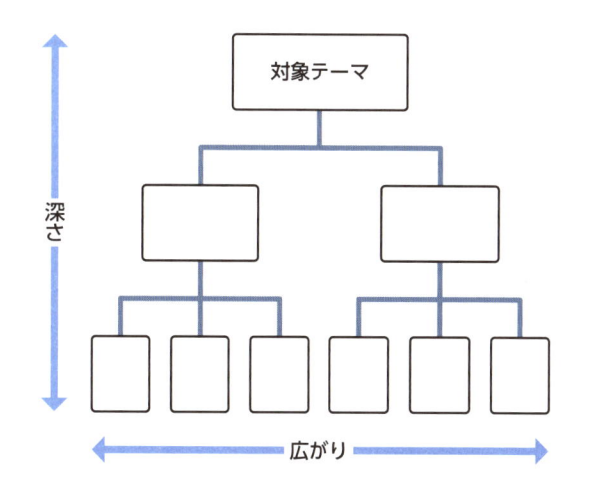

Answer

① 各ツリーの軸を決める

ヨーコさんは、機能性・デザイン・価格における優先度から、スマートウォッチを「家庭用」「個人用」「オフィス用」という3つの主要カテゴリーに分け、それぞれの開発を部分的に分けることにします。

これらの分類によって、スマートウォッチは利用シーンに合わせた製品開発の方向性が明確になり、各セグメントのニーズに焦点を当てることができるようになると、ヨーコさんは考えています。

② ツリーごとに深掘りする

　前回の市場評価の結果を踏まえ、ヨーコさんはそれぞれのスマートウォッチにおけるセールスポイントを決めました。

　家庭用のものは「家族の健康管理」と「家事の効率化」に貢献する機能をアピールします。個人用は「スポーツや趣味のサポート」と「カスタマイズの豊富さ」、オフィス用は「業務効率化」と「ビジネスコミュニケーション支援」で優れていることをアピールできるよう、スマートウォッチの開発を進めることにしました。

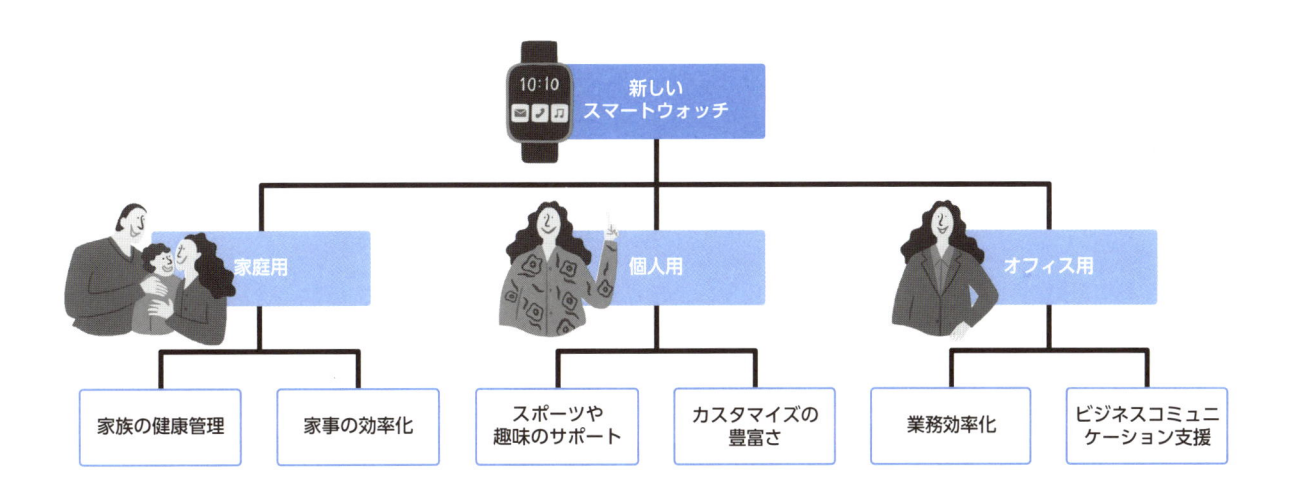

Answer

③ 要素を具体化する

　チームはスマートウォッチの開発を進め、セールスポイントを実現するための機能を具体化していきます。

　家庭用では、体組成計連動と医療機関連携ができる機能、家族間のやりとりを便利にする機能を実装しました。

　個人用では、スポーツトラッキングと音楽自動再生の機能、ウォッチの中身と外見のカスタマイズができる機能を実装しました。

　オフィス用では、業務のやりとりの自動要約とタスク管理の機能、重要メール＆メッセージをアプリ連携する機能を実装しました。

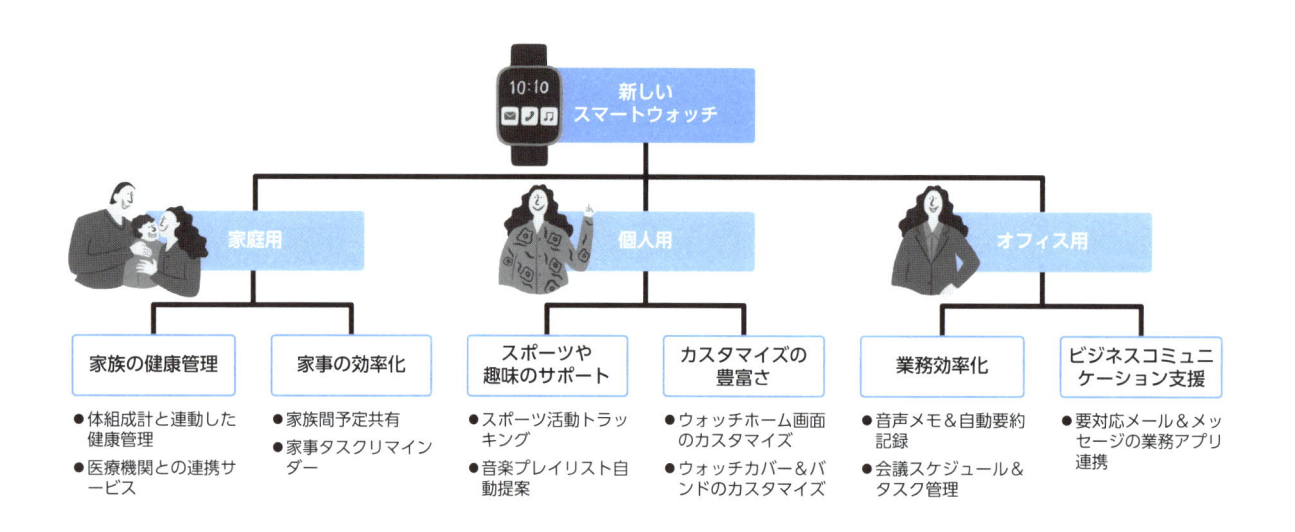

新しいスマートウォッチ

家庭用
- 家族の健康管理
  - ●体組成計と連動した健康管理
  - ●医療機関との連携サービス
- 家事の効率化
  - ●家族間予定共有
  - ●家事タスクリマインダー

個人用
- スポーツや趣味のサポート
  - ●スポーツ活動トラッキング
  - ●音楽プレイリスト自動提案
- カスタマイズの豊富さ
  - ●ウォッチホーム画面のカスタマイズ
  - ●ウォッチカバー＆バンドのカスタマイズ

オフィス用
- 業務効率化
  - ●音声メモ＆自動要約記録
  - ●会議スケジュール＆タスク管理
- ビジネスコミュニケーション支援
  - ●要対応メール＆メッセージの業務アプリ連携

その後 ツリーを見直す

新たなスマートウォッチシリーズは、市場テストで高い評価を受け、消費者からの好反応を得ました。家庭用は機能性もある程度重視されること、オフィス用は機能性を削ぎ落しても十分ニーズに応えられることが確認で

き、本格投入までに修正すべき点が明確になりました。

ヨーコさんとチームは、ロジックツリーの活用によって、今後も明確な目的と方向性を持って開発を進めることができるでしょう。

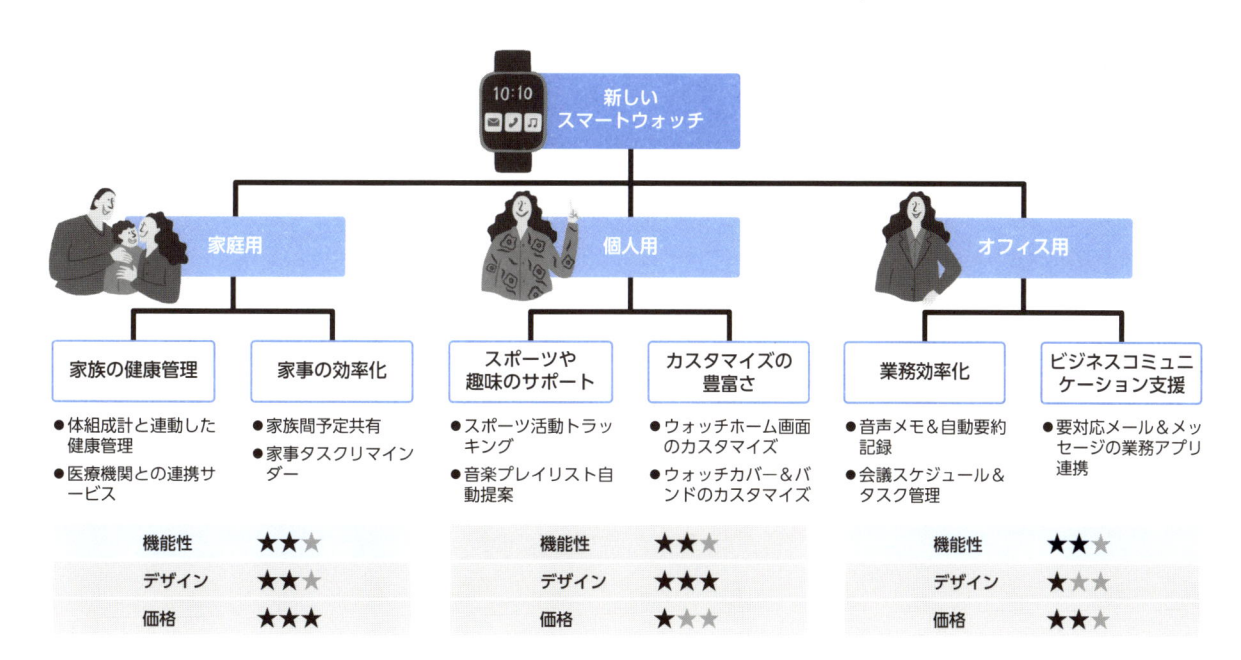

ピラミッドストラクチャー

 **Q** 役員を説得しよう

　ゴローさんは野心的な新規事業の提案者です。「遠隔地にいる仲間と盛り上がれる1人居酒屋チェーン店」のビジネスに取り組みたいと考えています。役員たちからの承認を得るためのプレゼンで、ゴローさんは自信満々に登壇しました。

　プレゼンでは、詳細なアイデア説明から始め、市場分析のデータ、競合の研究、そして膨大なビジネスモデルの説明に多くの時間を割きました。次第に役員たちは情報の海に飲み込まれ、ゴローさんのプレゼンの核心を見失っているようでした。

　その結果、限られた時間内で重要論点に彼らの注意を集めることはできず、プレゼンは混乱のうちに終わりました。新規事業の承認は得られず、ゴローさんのプランはお蔵入りになってしまいました。

　重要な論点をしっかり議論し、役員からの意見を得ることができていれば、ゴローさんのプランは採用されていたでしょう。あのときのプレゼンで、どのように説明をすればよかったのでしょうか？

使用するフレームワークの解説

　ピラミッドストラクチャーとは、事例を積み上げて根拠を示し、それらに基づくキーメッセージを導き出すためのフレームワークです。論理的に整合が取れているピラミッドストラクチャーは、キーメッセージから下に向かって「なぜ？」を、事例から上に向かって「だから？」を繰り返しても違和感が生じません。

　整合性確認の「なぜ？」と「だから？」で違和感がないようにするには、キーメッセージの説明を「根拠」、根拠の説明を「データ」の階層で示します。このようにすると、ロジックを階層構造で示すことができます。

　たとえば、「テレワーク普及で企業の生産性が向上している」→なぜ→「オペレーションコストが削減された」は成立しますし、「オペレーションコストが削減された」→だから→「テレワーク普及で企業の生産性が向上している」と述べることも成立しています。

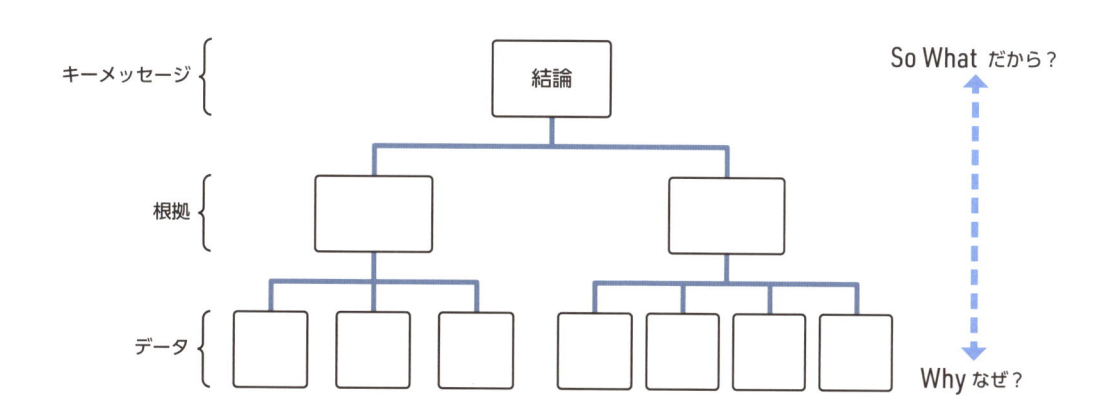

① ロジック構造を反省する

　ゴローさんが詳細の説明から始めたプレゼンは、最初から多くのことを伝えすぎて、役員たちは情報過多で理解が追いついていませんでした。

　振り返って考えると、最初に主張点を明確にして、それらを掘り下げるように説明を進めれば、最後まで説明できたように思えます。

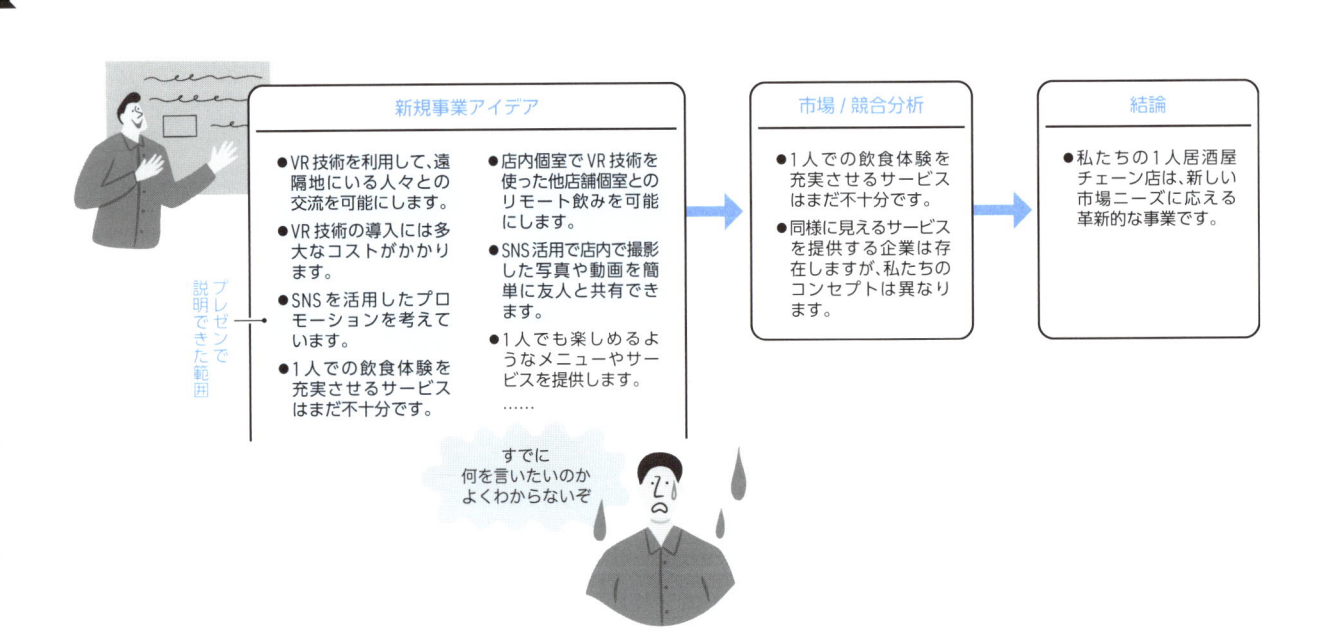

新規事業アイデア

プレゼンで説明できた範囲

- ●VR技術を利用して、遠隔地にいる人々との交流を可能にします。
- ●VR技術の導入には多大なコストがかかります。
- ●SNSを活用したプロモーションを考えています。
- ●1人での飲食体験を充実させるサービスはまだ不十分です。

- ●店内個室でVR技術を使った他店舗個室とのリモート飲みを可能にします。
- ●SNS活用で店内で撮影した写真や動画を簡単に友人と共有できます。
- ●1人でも楽しめるようなメニューやサービスを提供します。
　……

市場/競合分析

- ●1人での飲食体験を充実させるサービスはまだ不十分です。
- ●同様に見えるサービスを提供する企業は存在しますが、私たちのコンセプトは異なります。

結論

- ●私たちの1人居酒屋チェーン店は、新しい市場ニーズに応える革新的な事業です。

すでに
何を言いたいのか
よくわからないぞ

② キーメッセージと根拠を示す

　プレゼンで最も伝えたいことは何であったか、ゴローさんは明確にしておくべきでした。

　ゴローさんは「リモート居酒屋は新たな外食のカルチャーを創造する」という熱意を持っており、それは3つの根拠に支えられています。

　第1に「社会的ニーズが変化している」（❶）こと。コロナ禍を経て、現代人の孤独感とコミュニケーションの欠如が目立ち始めています。

　第2に「類似の成功例がある」（❷）こと。デジタル技術の進化をエンタメ業界は積極的に活用し、オンラインの新ビジネスを育てています。

　第3に「遠隔交流の飲食店は未開拓状態にある」（❸）こと。おひとり様向け飲食サービスは増えてきましたが、1人客向けの社交的飲食体験はまだ競合がありません。

　これらをピラミッドストラクチャーの形で整理し、メッセージとして伝えることができれば、役員たちも興味を示してくれたでしょう。

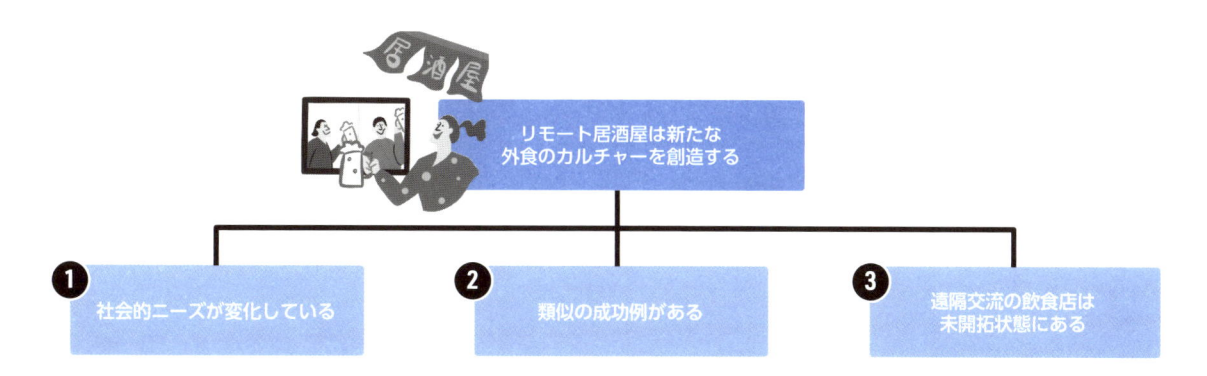

リモート居酒屋は新たな
外食のカルチャーを創造する

❶ 社会的ニーズが変化している

❷ 類似の成功例がある

❸ 遠隔交流の飲食店は
未開拓状態にある

Answer

③ データでロジックを補強する

　根拠を表すデータを示せば、キーメッセージの説得力が増します。

　ゴローさんは❶〜❸の根拠について、それぞれリサーチした結果を手元に持っていました。

　❶について、独りで外食する人が増加している集計値、孤独感と社会的孤立が問題化している専門家の報告書を事前に整理しています。

　❷については、IT技術でコミュニティが活発化している事例とオンライン飲み会の開催状況を収集していました。

　❸については、遠隔交流をコンセプトにした店舗が皆無である一方、遠近問わず交流の機会を望む人が増えている状況をネットアンケートで集計済みです。

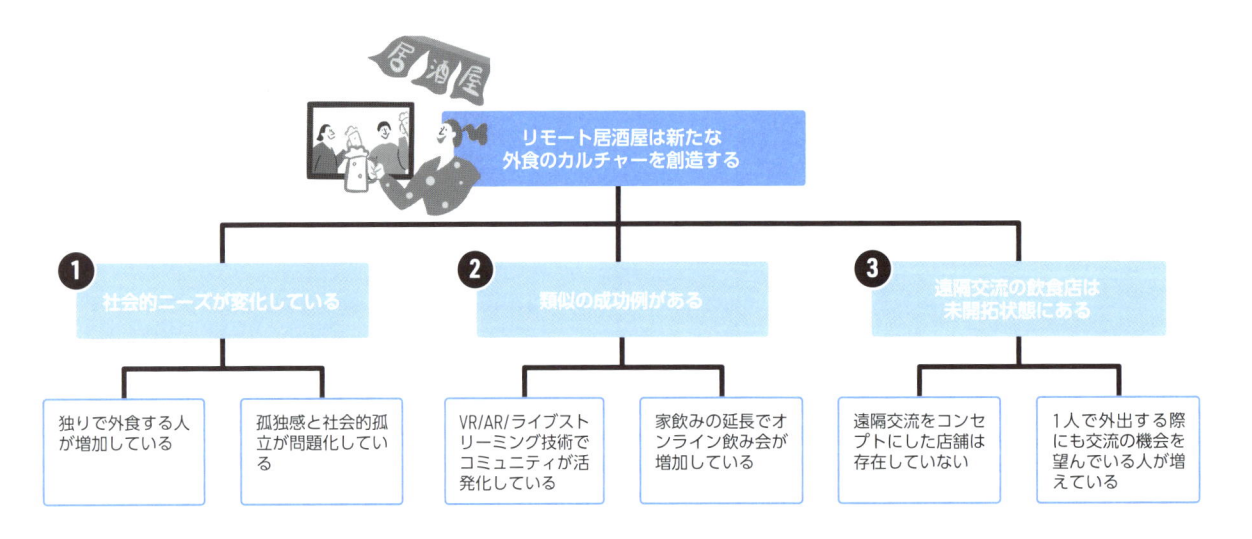

ロジックの一貫性を保つ

ピラミッドストラクチャーでロジックを整理できると、そこから次の一手をどうすべきか、論理一貫性を保ちながら検討することができます。

たとえば、ソロダイニングフレンドリーな店舗をデザインしたり、ネットワーク構築イベントを実施する案は❶に対応するアプローチです。同様に❷と❸に対応するアプローチも整理できます。

次こそはゴローさんも、役員たちが求める「わかりやすい」＆「納得できる」プレゼンができることでしょう。

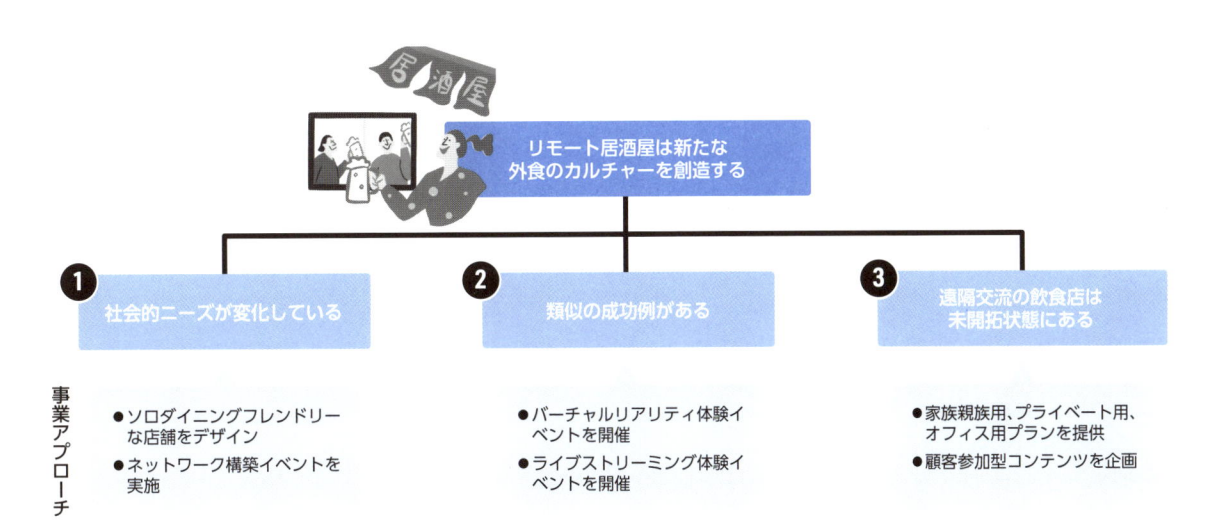

1-6

IPO

Q イベントを成功させよう

　市内最大のエンタメイベント「ハーモニー夏フェスタ」の企画担当者であるリッカさんは、地元のアーティストやバンドを一堂に集め、音楽を通じてコミュニティの絆を深めようと活発に動いています。

　一方で、アーティスト募集を受け付けたあとの段取りは具体化されておらず、スケジュール調整もなんとかなるだろうと甘く見ていました。

　その結果、イベントの準備は遅々として進まない、アーティスト間の演奏時間の兼ね合いがつかない、会場も満足に準備されない、という状況でイベント当日を迎えました。

　案の定、イベントは大惨事となりました。音響機器の不調、飲食店とトイレ設備の不足、そして目玉であるべき地元バンドの不在。出演者も観客も失望し、栄えある第1回のイベントは大失敗に終わりました。

　あれから一年、再びチャンスが巡ってきました。今度こそイベントを成功させるために、リッカさんはどうアプローチすればよいでしょうか？

使用するフレームワークの解説

IPOフレームワークは、業務やプロジェクト管理において、その構成要素を「インプット（Input）」、「プロセス（Process）」、「アウトプット（Output）」の3つに分けて考える方法です。このフレームワークを使用することで、業務やプロジェクトがどのように進行しているかを明確に理解し、効率化や問題解決を図ることができます。

IPOフレームワークは、業務やプロジェクトの各段階を明確にすることで全体像を容易に把握し、メンバー間の認識の齟齬を減らして、効率的なコミュニケーションを促進します。また、アウトプットを定量化することで、目標達成度を明確にし、進捗管理や評価が容易になります。

期待される成果に対して必要なインプットやプロセスが適切かどうかの検証も可能です。さらにプロセスを詳細化し、最大5W1H（When、Where、Who、What、Why、How）の粒度で整理することで、業務の無駄や問題点を特定しやすくなり、改善立案と実行が促進されます。

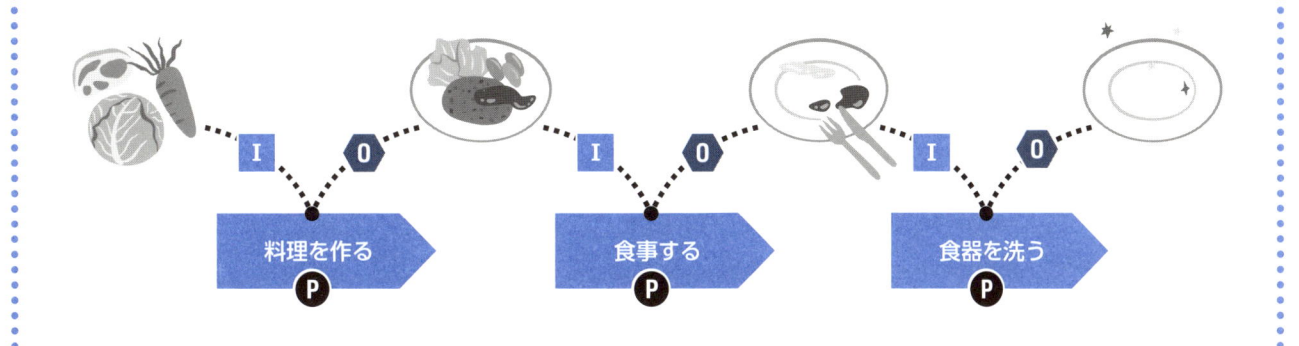

Answer

1 「P」を洗い出す

　リッカさんは、前回のハーモニー夏フェスタを参考に、イベントの全体像と開催までの流れを可視化することにしました。

　最初にイベントの目的と規模を設定しなければいけません。アーティストへの出演依頼も会場の手配も、それ次第で変わります。場所を押さえて出演アーティストもある程度決まれば、広報活動を通じてイベントの周知とチケットの販売を開始します。

　最終的に、当日の運営管理まで含めて、5つの大きなプロセス（P）があることをリッカさんは整理できました。

イベントの目的と規模の設定	アーティストへの出演依頼	会場の手配	広報活動	当日の運営管理
イベントの目的の明確化、ターゲットオーディエンスの特定、規模の決定	出演依頼の連絡、条件の交渉、契約の締結	会場選定、予約、必要な設備の手配	メディア戦略の策定、プロモーション資料の作成、SNSでの情報発信、チケット販売	イベントの進行管理、緊急対応計画の実施、アーティストと参加者のサポート

2 「Ｉ」＆「Ｏ」を決める

洗い出したプロセスには前後関係があります。

どのプロセスのアウトプット（**O**）がどのプロセスのインプット（**I**）になるかを決めることで、プロセス同士の前後関係を可視化できます。

リッカさんは出演依頼と会場の手配を同時に行うこと

で、スケジュールに余裕を生み出せることに気づきました。この余裕を持たせることで、予期せぬトラブルがあっても対応しやすく、必要に応じて計画を柔軟に変更することが可能になります。

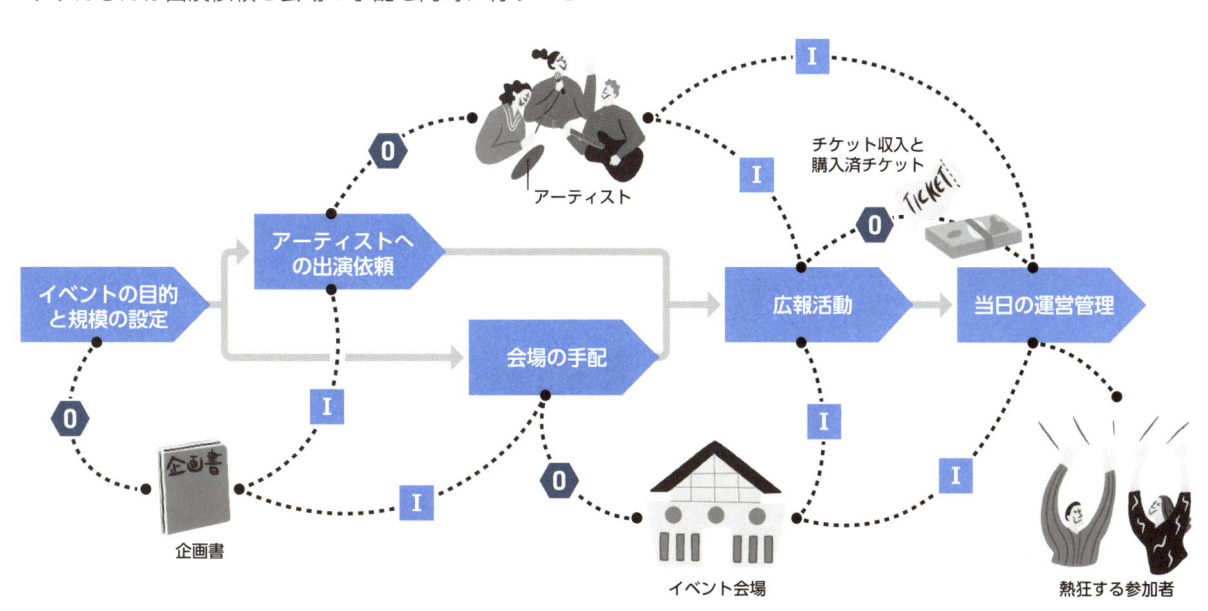

Answer

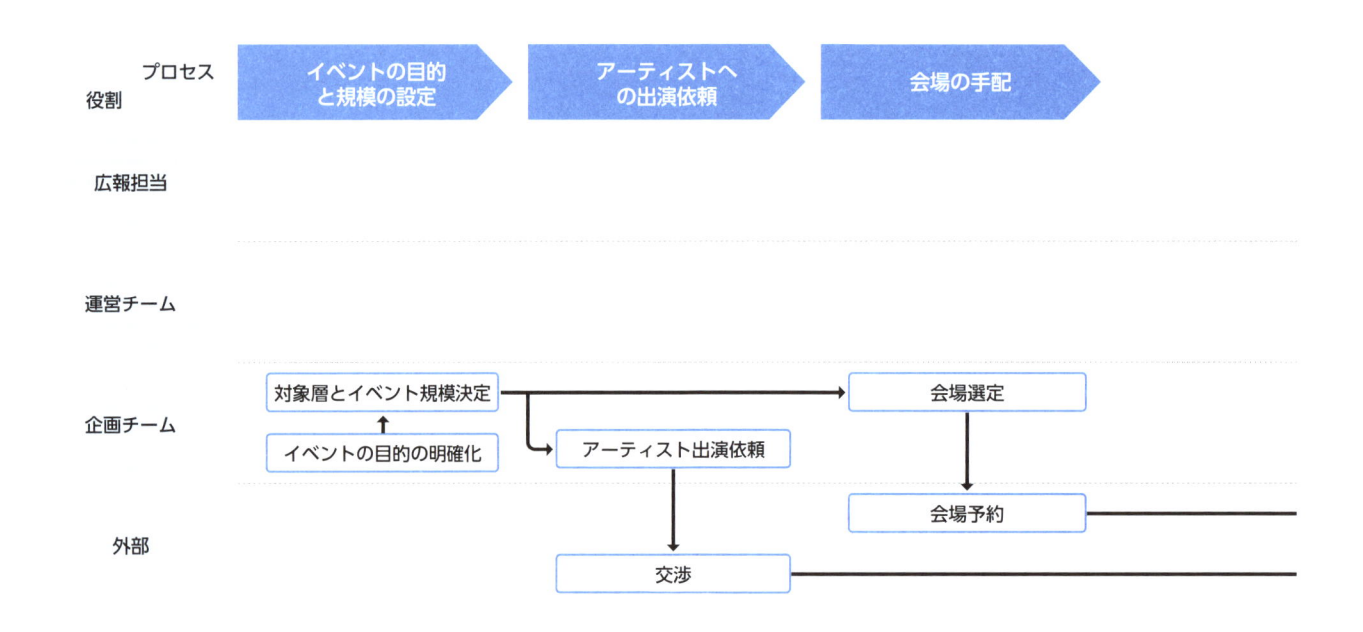 フロー図を作る

プロセスを細分化してタスクの単位にすると、どの役割の人が何をするかという観点で整理できます。5W1Hのうち、「When」と「Who」で表現するタスク単位のフロー図を作りましょう。

リッカさんは、プロセスのインプットとアウトプットの関係から、1つのプロセスの中には役割ごと複数のタスクが含まれていることに気づきます。それをフロー図で示すことで、イベント当日までに誰が何をすればいい

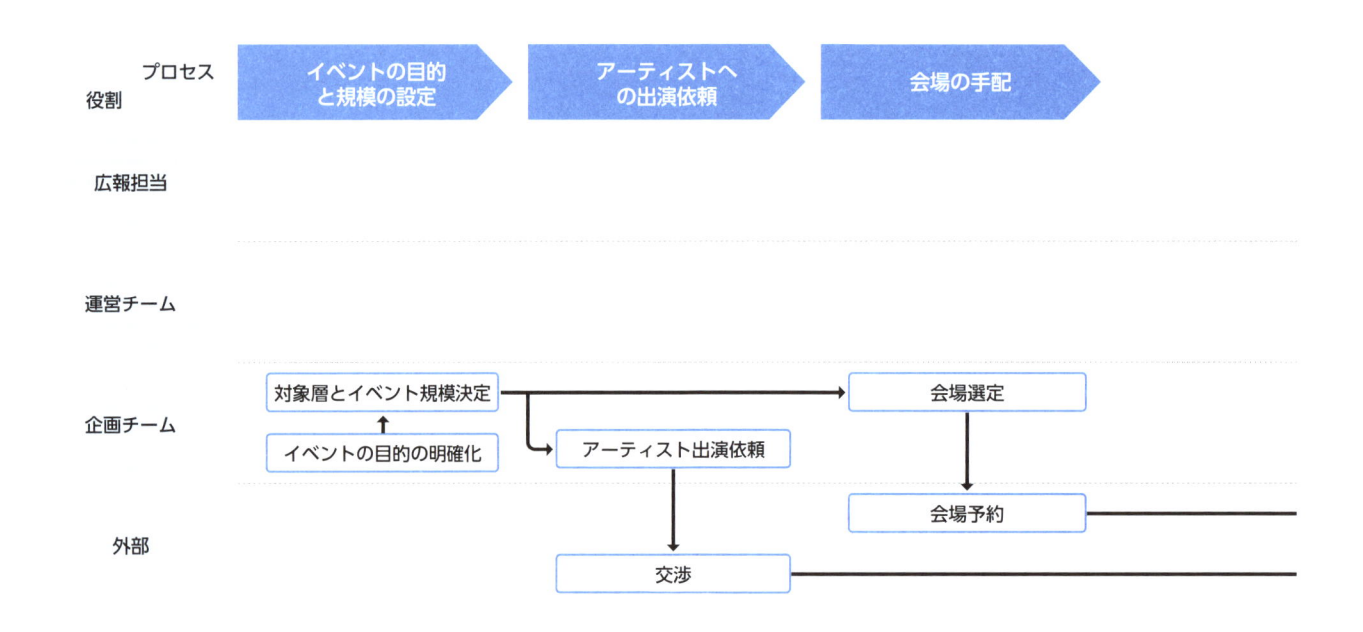

のかわかります。

　改善された企画と管理の下、イベントは成功を収めました。アーティストは十分なリハーサルとサポートを得て最高のパフォーマンスを披露し、観客は終始笑顔で会場を埋めつくしていました。リッカさんはついに昨年のリベンジを果たすことができたのです。

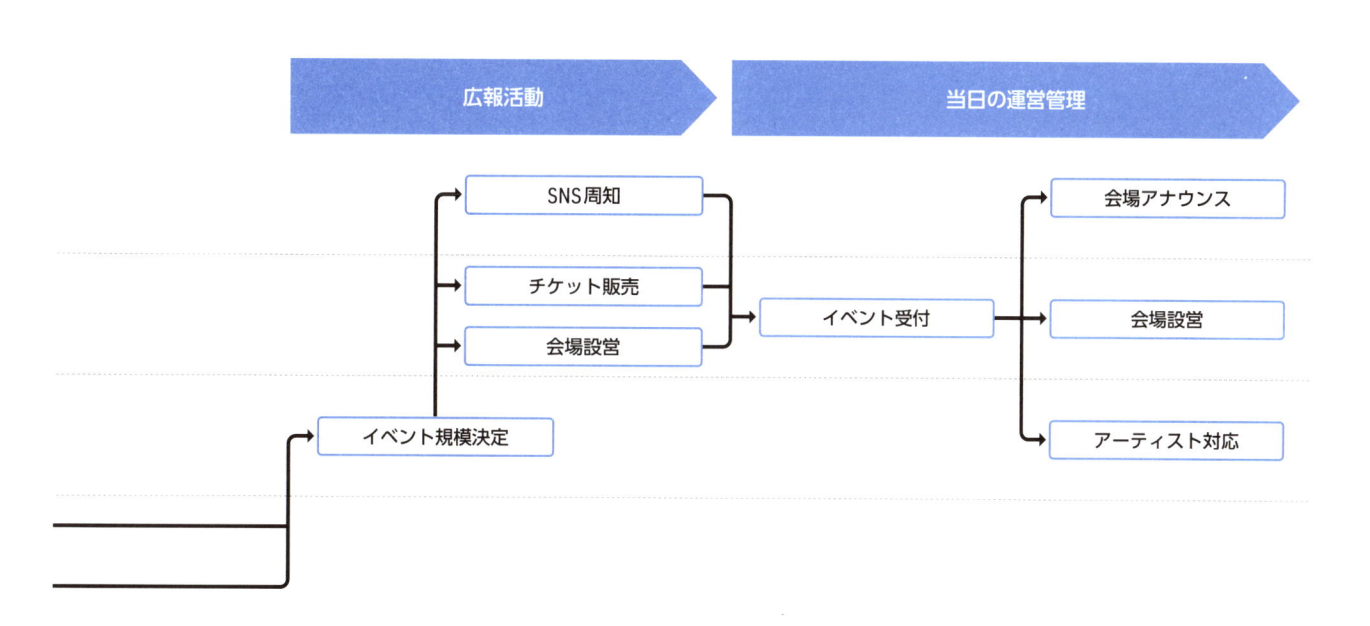

TOC

 **Q** 日没までに川を渡ろう

名前	所要時間
❶ナカエ	7分
❷ビトウ	10分
❸シイノ	18分
❹デグチ	22分

冬の太陽が傾く夕方、ナカエさん、ビトウさん、シイノさん、デグチさんの4人は野外アスレチックの終盤で川辺に立っていました。夜間装備を持たない彼らが夕闇で川を渡ることは難しいため、日没までの残り60分、わずかな時間の中で川向こうへ渡らなければいけません。

しかし、手漕ぎボートは1台だけで、それには2人しか乗れないという制約があります。また、2人がボートに乗る場合は、遅いほうの人の時間を要してしまいます。

先陣を切って、ナカエさんとビトウさんがボートに乗り込みました。力強い漕ぎで10分後には対岸に到着し、ビトウさんを残してさらに7分かけて戻ってきたナカエさんは息を切らして言いました。

「あと43分で日没だ！」

とても厳しい目標に思えますが、ナカエさんたちは、どうすれば時間内に川を渡り切ることができるでしょうか？

使用するフレームワークの解説

　TOC（Theory of Constraints、制約理論）は、活動におけるボトルネックや制約を特定し、改善するためのフレームワークです。TOCでは、あらゆるプロセスやシステムは少数の制約によってその性能が制限されていると考えます。目的は、これらの制約を特定し、管理または排除することによって、全体の効率やスループットを向上させることです。

　TOCは、特に複雑なプロセスや多くの変数が関与する製造業、プロジェクト管理、サプライチェーン管理で役立ちます。たとえば、製造ラインにおいて特定の工程がボトルネックとなり生産が遅れている場合、TOCを適用してその工程を最適化し、全体の生産性を高めることができます。また、サービス業やITプロジェクトなどで、リソースの不足や能力の低いプロセスが全体のパフォーマンスを低下させている場合にも有効です。

　TOCは以下のステップで構成されます：
Step1. 制約を特定する
Step2. 制約をどう扱うか決定する
Step3. 他のすべてを制約に合わせて調整する
Step4. 制約条件を強化する（能力を改善する）
Step5. 制約を克服したら、プロセスを繰り返す

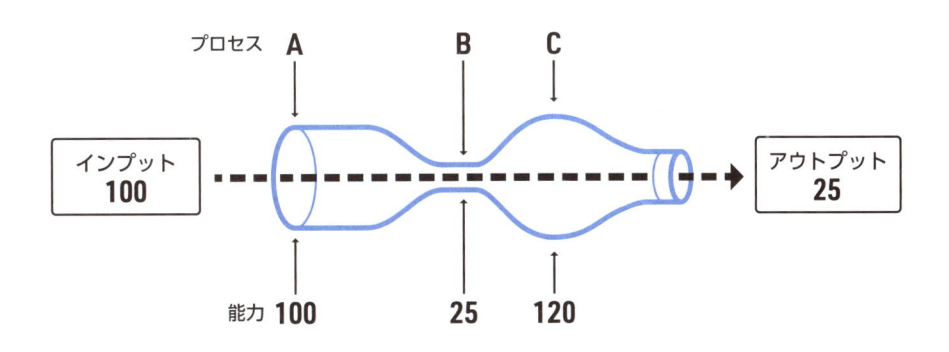

Answer

① ボトルネックを見つける

　ボトルネックを最小限にするという考え方が必要です。
　この問題のボトルネックは、最も所要時間を要する❹デグチさんです。この人の行動に関する無駄が最小になるよう行動します。また、一緒に行動する人同士の所要時間差が少ないほうが無駄が減ります。
　最初に最速かつ所要時間差の少ない❶ナカエさんと❷ビトウさんがボートで川を渡り、最速の❶ナカエさんが戻ってきたのは最適な行動でした。

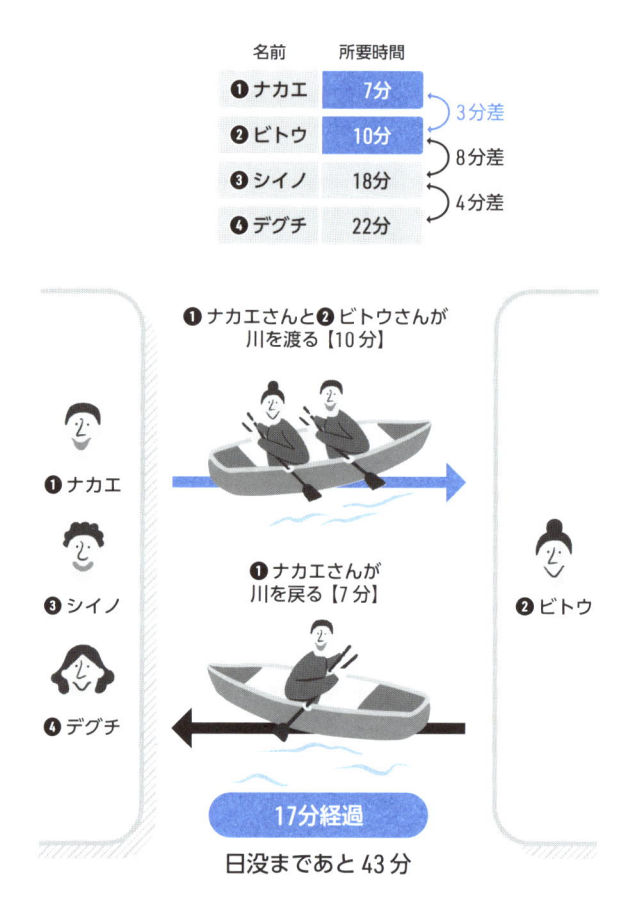

名前	所要時間	
❶ナカエ	7分	3分差
❷ビトウ	10分	8分差
❸シイノ	18分	4分差
❹デグチ	22分	

❶ナカエさんと❷ビトウさんが
川を渡る【10分】

❶ナカエさんが
川を戻る【7分】

❶ナカエ

❸シイノ

❹デグチ

❷ビトウ

17分経過

日没まであと43分

② ボトルネックを効率的に扱う

　次に、最も遅い❹デグチさん（ボトルネック）に川を渡ってもらいましょう。一緒に乗るのは、所要時間差が最短になる組み合わせが最適であるため、時間差が4分である❸シイノさんとともに、ボートで川を渡ってもらいます。

　❹デグチさんと❸シイノさんが川を渡るのに22分の時間を必要としますから、ここまでの合計時間は39分になります。

名前	所要時間	
❶ナカエ	7分	⎫ 3分差
❷ビトウ	10分	⎫ 8分差
❸シイノ	18分	⎫ 4分差
❹デグチ	22分	

❹デグチさんと❸シイノさんが
川を渡る【22分】

❶ナカエ

39分経過

日没まであと21分

❷ビトウ

❸シイノ

❹デグチ

Answer

③ 最良の制約を選ぶ

　❹デグチさんと❸シイノさんよりもはやく動ける❷ビトウさんが向こう岸にいますから、川を戻ってくる時間が最短になる❷ビトウさんに戻ってきてもらいましょう。

　❷ビトウさんが川を渡るのに10分の時間を必要としますから、ここまでの合計時間は49分になります。

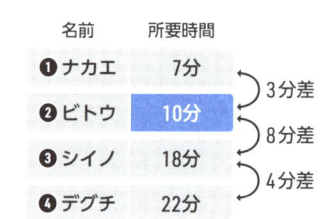

名前	所要時間	
❶ナカエ	7分	⎫ 3分差
❷ビトウ	10分	⎬ 8分差
❸シイノ	18分	⎬ 4分差
❹デグチ	22分	⎭

❷ビトウさんが
川を戻る【10分】

❶ナカエ

❷ビトウ

❸シイノ

❹デグチ

49分経過

日没まであと11分

制約の範囲で結果を出す

その後

最後に、❶ナカエさんと❷ビトウさんが一緒にボートで川を渡って10分経過し、最初から59分が経過して全員が川を渡りきれました。

日没まであと1分、ギリギリの渡河になりましたが、ナカエさんの計画通り、最終的に全員が川を渡り切ることができました。

もし、ボトルネックを意識することなく、最速で漕げるナカエさんがすべての工程に関わっていたらどうだったでしょう。

❷ビトウさん（10分）、❸シイノさん（18分）、❹デグチさん（22分）の所要時間すべてと、川を戻る❶ナカエの2回分の所要時間（14分）がかかり、合計で64分を必要としていました。川を渡る途中で日没を迎え、事故が起きた可能性もあります。

今回の経験でナカエさんは、ボトルネックを把握し、最大限パフォーマンスが発揮できるようコントロールする大切さを学びました。

名前	所要時間	
❶ナカエ	7分	3分差
❷ビトウ	10分	8分差
❸シイノ	18分	4分差
❹デグチ	22分	

❶ナカエさんと❷ビトウさんが川を渡る【10分】

59分経過

日没まであと1分

❶ナカエ

❷ビトウ

❸シイノ

❹デグチ

1

ロジカルシンキング

FABE法/BEAF法

Q ドリアンを店頭販売しよう

ハッタさんは賑やかな通りでフルーツ屋を営んでいます。夜明けとともに市場で新鮮な果物を厳選し、お客様に提供するのが日課です。

あるとき、知り合いのドリアン農園が倒産すると連絡を受け、相手を助けたい一心で100個のドリアンを引き取りました。ドリアンはその独特の香りから賛否が分かれる果物ですが、その香りが原因で、通りを行く人々は店のドリアンを敬遠してしまい、売上は伸び悩んでいました。

道行く人に、「このドリアンは地元の農園で大切に育てられた最後の収穫品です」、「特に甘くて濃厚な味が特徴です。市場ではなかなか手に入らない希少性の高いものなんですよ」とアピールしてみましたが、人々は鼻をつまみながら急いで通りすぎていくだけでした。

農園のストーリーやドリアンの特徴を伝えるチャンスすらなく、ドリアンは日を追うごとに熟成が進み、ハッタさんの悩みも積もっていきます。どうしたら、通行人にドリアンを買ってもらえるでしょうか？

使用するフレームワークの解説

FABE法（Feature/Advantage/Benefit/Evidence）とは、ストーリーを通じて相手からの合意を得る伝え方です。最初に状況の背景を踏まえた特徴、次に競合と比べた際の利点、相手にとっての利益、最後にそれを裏付ける証拠を続けて示します。最後まで説明をさせてもらえることが確実な状況に適しています。

BEAF法（Benefit/Evidence/Advantage/Feature）とは、相手に興味を持たせ続ける伝え方です。最初に相手にとっての利益、次にそれを裏付ける具体的な証拠、競合と比べての利点、最後にそれらの背景にあたる特徴を示します。説明の途中で相手が立ち去る、または話を打ち切られてしまう可能性がある場面に適しています。

このマンゴー
ワケありですがお買い得です！

FABE		BEAF	
農園を引き継いだけど顧客は引き継いでもらえず売り先がありません	**Feature（特徴）**	**Benefit（利益）**	赤字覚悟で販売します、通常はこの価格では買えません
宮古島の自然たっぷりで育った5000個の甘いマンゴーです	**Advantage（利点）**	**Evidence（証拠）**	ほら、とてもおいしそう！（青い空・海・砂浜と真っ赤なマンゴーの写真）
赤字覚悟で販売します、通常はこの価格では買えません	**Benefit（利益）**	**Advantage（利点）**	宮古島の自然たっぷりで育った5000個の甘いマンゴーで
ほら、とてもおいしそう！（青い空・海・砂浜と真っ赤なマンゴーの写真）	**Evidence（証拠）**	**Feature（特徴）**	農園を引き継いだけど顧客は引き継いでもらえず売り先がありません

① 利益を強調する

Answer

　ハッタさんは最初の声のかけ方に工夫が必要だと考えました。ドリアンを買うことでお客さんにどんな利益があるのかアピールすることは、ドリアンに興味を持ってもらうのに最も有効なはず。

　そこで感情を込めて、こう声かけすることにしました。

「健康を気遣う皆さんに朗報です！このドリアンは特別な栄養価でエネルギーをチャージしてくれるんです！」

ねらい通り、通行人が興味を持って立ち止まりました。

これまでのやり方

皆さん、このドリアンは地元の農園で大切に育てられた最後の収穫品です！

このドリアンは、特に甘くて濃厚な味が特徴です。市場ではなかなか手に入らない希少性の高いものなんですよ

まだ途中だったのに

ドリアンは栄養満点で、美容と健康にもいいんです。食べることで日頃の疲れを癒し、活力を得られますよ

また試食してもらえなかった

実際にこのドリアンは、食通たちからも高い評価を受けています。試食でその味をご賞味ください

新しいやり方

Benefit（利益） 健康を気遣う皆さんに朗報です！このドリアンは特別な栄養価を持ち、エネルギーをチャージしてくれるんです！

反応いいかも！

② 証拠を提示する

　しかし、立ち止まらせたあとが続きません。そこでハッタさんは、試食させておいしさの証拠を確かめてもらうことにします。

　「このドリアンは、食通たちからも高い評価を受けています。ぜひ、この機会にその味をご賞味ください！」

　言葉ではなく味覚に訴えかけました。すると、試しに食べてみようかなと手を出す通行人が現れ始めました。さらに一歩前進です。

これまでのやり方

皆さん、このドリアンは地元の農園で大切に育てられた最後の収穫品です！

このドリアンは、特に甘くて濃厚な味が特徴です。市場ではなかなか手に入らない希少性の高いものなんですよ

まだ途中だったのに

ドリアンは栄養満点で、美容と健康にもいいんです。食べることで日頃の疲れを癒し、活力を得られますよ

また試食してもらえなかった

実際にこのドリアンは、食通たちからも高い評価を受けています。試食でその味をご賞味ください

新しいやり方

Benefit（利益） 健康を気遣う皆さんに朗報です！このドリアンは特別な栄養価を持ち、エネルギーをチャージしてくれるんです！

Evidence（証拠） このドリアンは、食通たちからも高い評価を受けています。試食でその味をご賞味ください

食べたらきっと気に入る！

タダなら試してみようかな

③ 利点、特徴の順で伝える

　試食までさせればあと一歩です。ドリアンのおいしさに驚いた相手は、もっと食べてみようか迷い始めます。

　ハッタさんは迷っている相手に、このドリアンは地元で作られたフルーツであることも伝えて特徴をアピールしましたが、そこに反応する人はあまり多くありませんでした。また今度買います、と言って立ち去る人も一定数いる状況です。

　そこで戦略を変えることにします。今ここで買わないと損をする、そんな印象を与えてみたら、相手は購入欲をかき立てられるのではないかと考えて、先に利点をアピールすることにします。

「他の店では見つからない、独特な甘さと風味が特徴です。一度食べたら忘れられない味わいをお楽しみいただけます」

続けて、

「また、このドリアンはオーガニック栽培されているため、環境にも優しい選択です」

と最後に付け加え、あと一押しがあれば買いそうな雰囲気の相手の背中を押してあげたところ、さらに多くの人がドリアンを購入してくれるようになりました。

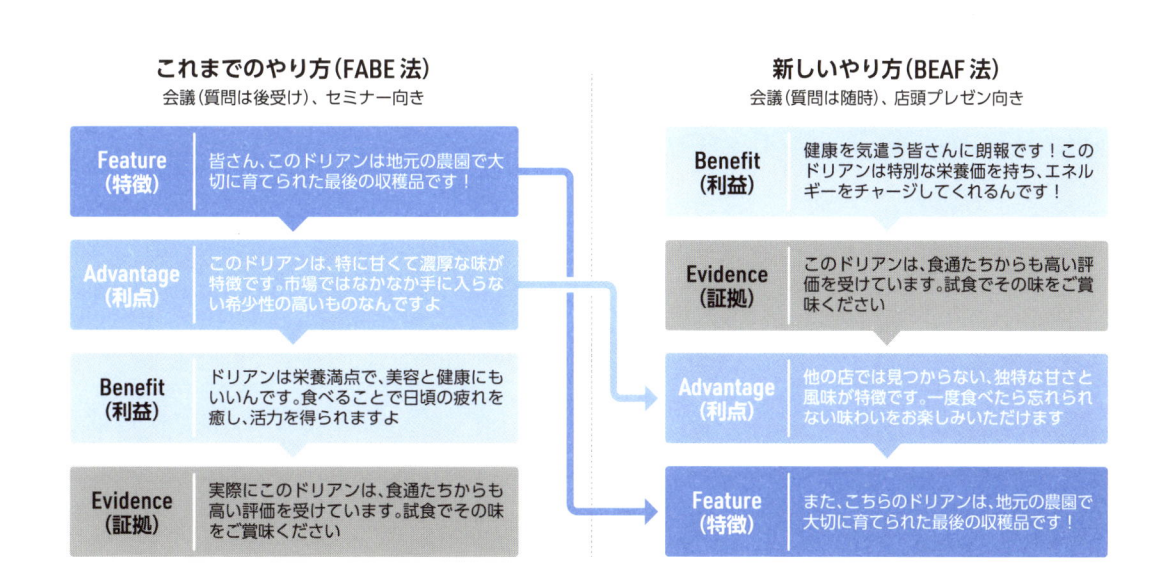 その後 BEAF法で注意を惹き続ける

　BEAF法によるアプローチに変更することで、ハッタさんはドリアンの価値を効果的に伝えることができました。これにより、通行人は立ち止まり、ドリアンの意外なおいしさに驚き、そのやりとりがさらに人を惹きつけて、わずか数日で完売できました。

　自分の話を最後まで聞いてくれる保証がない環境では、相手の注意を惹き続けるBEAF法が有効であると知ったハッタさん。それからは進んで新しいフルーツを仕入れ、大人気のフルーツ屋さんになりました。

これまでのやり方（FABE法）
会議（質問は後受け）、セミナー向き

Feature（特徴）	皆さん、このドリアンは地元の農園で大切に育てられた最後の収穫品です！
Advantage（利点）	このドリアンは、特に甘くて濃厚な味が特徴です。市場ではなかなか手に入らない希少性の高いものなんですよ
Benefit（利益）	ドリアンは栄養満点で、美容と健康にもいいんです。食べることで日頃の疲れを癒し、活力を得られますよ
Evidence（証拠）	実際にこのドリアンは、食通たちからも高い評価を受けています。試食でその味をご賞味ください

新しいやり方（BEAF法）
会議（質問は随時）、店頭プレゼン向き

Benefit（利益）	健康を気遣う皆さんに朗報です！このドリアンは特別な栄養価を持ち、エネルギーをチャージしてくれるんです！
Evidence（証拠）	このドリアンは、食通たちからも高い評価を受けています。試食でその味をご賞味ください
Advantage（利点）	他の店では見つからない、独特な甘さと風味が特徴です。一度食べたら忘れられない味わいをお楽しみいただけます
Feature（特徴）	また、こちらのドリアンは、地元の農園で大切に育てられた最後の収穫品です！

1-9

PREP法/DESC法

Q 空き物件を紹介しよう

　クスオさんには、半年後に福岡への引っ越しを控えているヨルさんという友人がいます。福岡での新生活には、彼女が心から楽しみにしている新しい家族である犬とともに過ごすことが含まれています。

　彼女は犬との生活を最優先に考え、そのための最適な住環境を模索していますが、福岡に長期間住み続ける気持ちもあり、そのために家を購入することを考えています。

　クスオさんは福岡に複数の賃貸物件を所有していますが、そのうちのいくつかは契約者がしばらく決まらず空室が続いています。その中には犬と暮らせる物件もあり、不動産オーナーの立場として、ヨルさんに自分の物件をうまく紹介したいと思っています。

　ヨルさんが家を購入するという選択を進めてしまう前に、クスオさんの賃貸物件の魅力を効果的に伝え、購入ではなく賃貸の選択肢を選んでもらうことは一筋縄ではいきません。

　クスオさんの賃貸物件をヨルさんに選んでもらうためには、どのようなアプローチでコミュニケーションを取るのがよいでしょうか？

使用するフレームワークの解説

　PREP法（Point/Reason/Example/Point）は、結論や主張を最初と最後に持ってくる構造で、その間に理由と具体例を挟む方法です。相手に対してメッセージを明確かつ効果的に伝えることを目的としています。

　DESC法（Describe/Express/Specify/Consequence）は、状況の記述から始め、自分の感情や意見を表現し、具体的な提案や選択肢を示したあと、その結果や影響を説明する方法です。対話や交渉、フィードバックをする場面で特に有効です。

　基本的にPREP法を使いつつ、相手の共感を得ながら慎重にやりとりする場面はDESC法を活用するのがよいでしょう。

はやく宿題を終わらそう

PREP（結論ファースト）		DESC（共感ファースト）	
宿題をはやく終わらせようね	**Point（結論）**	**Describe（状況説明）**	すぐ宿題をしないと、夜遅くまでやるハメになって、翌日眠くなっちゃうね
宿題をはやく済ませると、自由時間が増え、夜は急がずリラックスできるよ	**Reason（理由）**	**Express（意見）**	宿題をはやく終わらせたら、あとで好きなことが存分にできるよ
先週は宿題をすぐに済ませたら、ゲームと動画を満喫できたし、朝もスッキリだったね	Example（事例）	Specify（選択提示）	おやつを食べたらすぐ宿題しよう！終わったら、ゲームしたり動画見よう
あとでゆっくり自由に過ごすために、宿題をはやく終わらそうね	**Point（まとめ）**	**Consequence（結論）**	宿題後に存分に遊んで、次の日は学校で友達と元気に遊ぼうね

1 結論ファーストで伝えてみる

Answer

　持ち家と賃貸、どちらを選ぶかの決断は1人ひとりのライフスタイルと深く結びついています。もしヨルさんがシンプルに話をするのを好むタイプであれば、ひとまず結論から伝えてみるのが早道かもしれません。

　クスオさんはPREP（結論ファースト）で話をすることにしました。

クスオ「賃貸がヨルさんにとって最善の選択だよ」
ヨル　「あら、なぜかしら？」
クスオ「賃貸なら、犬と一緒に住むための条件が合わなくなった場合に引っ越しが簡単だからさ」

ヨル　「そうなの？でも犬が吠えたら怒られるでしょ？」
クスオ「この地域は犬フレンドリーな賃貸物件が多いし、選択肢が豊富だよ」
クスオ「だから賃貸が最善だと思う」
ヨル　「自由度なら持ち家のほうが高そうだし、賃貸はやめておくわ」

　クスオさんの賃貸物件のプレゼンは失敗に終わってしまいました。

Point（結論）	Reason（理由）	Example（事例）	Point（まとめ）
賃貸が最善の選択	賃貸なら、犬と一緒に住むための条件が合わなくなった場合に引っ越しが簡単	この地域はペットフレンドリーな賃貸物件が多いし選択肢が豊富	だから賃貸が最善の選択

② 重視する点を見極める

ヨルさんにとって、犬と一緒に暮らす際の自由度は重要なポイントだったようです。「賃貸のほうが選択肢が豊富」だと最初に伝えたため、そこは持ち家との差別化ポイントにならないとヨルさんから判断されて、提案を却下されてしまいました。

重要な決断を求める場面では、もっと慎重に相手の重視する点を見極めるほうが、円滑なコミュニケーションにつながります。

たとえば、「明日は傘を持って行ったほうがいいかな？」と聞かれたとき、「明日は雲が多くて日中はどんよりしているみたいだね。雨が降りそうな感じもするけど、天気予報では……」と説明を長くされるよりも、「傘はいらないよ」と即答されるほうがスッキリします。

これは、単純に情報が知りたいという場面であり、それ以外の情報は必要性が低くなるためです。

しかし、「高校卒業したら就職したほうがいいかな？」と聞かれたときに「就職したほうがいいよ」と即答されて、スッキリ感じる人はどれくらいいるか考えてみてください。そんなに簡単に結論づけないでほしいと思う人は一定数います。相手の生き方に影響がある内容であるほど、そうした反発は大きくなります。

ヨルさんの場合、犬と一緒に暮らす生活での賃貸物件の優位点を会話から探って、そこをアピールするべきでしょう。

③ 共感ファーストで伝えてみる

　クスオさんはもう一度ヨルさんと話をする機会を得ました。今度は、犬に関する何が彼女の優先事項であるかを探り、それに対する賃貸の優位性をアピールしたいと思います。

　クスオさんはDESC（共感ファースト）で話をすることにしました。

クスオ「ヨルさんは犬との生活を最優先にしたいんだよね」

ヨル　「そうなのよ」

クスオ「犬の健康状況や近所づきあいの変化で環境を変えたい場合、住まいも変える必要があるかもしれない」

ヨル　「それは否定できないわね」

クスオ「いざというときに住まいを容易に変えられる賃貸で最初は様子をうかがってみてはどうかな？そこで見極めて、持ち家を選ぶのも、別の賃貸に移るのも自由だよ」

クスオ「賃貸を選ぶことはヨルさんと犬のために最も柔軟性があり、幸せを最大化する選択肢だと思う」

ヨル　「犬の幸せを最大化……うん、賃貸を考えてみるわ」

Describe （状況説明）	Express （意見）	Specify （選択提示）	Consequence （結論）
犬との生活を最優先にしたいと考えている	犬の健康状況や近所づきあいで環境を変えたい場合がある	まず賃貸で見極めてから持ち家を検討すると、変化に柔軟に対応できる	賃貸を選ぶことは犬の幸せの最大化につながる

状況を深掘りしてみる

　共感ファーストであるDESC法のコミュニケーションが奏功し、ヨルさんはクスオさんの紹介する賃貸物件を検討することにしました。

　クスオさんはヨルさんの価値観や考えを最大限尊重して、犬と快適に暮らすためのさまざまなオプションの提案をします。実際の生活を想像し、犬の鳴き声や散歩でどんなトラブルが起きる可能性があるかを示し、それに対してヨルさんの考えを確認していくことにしました。

　その際、SCQ法（Situation/Complication/Question）を使い、3段階に分けて状況と問題を具体化するとよいでしょう。クスオさんもヨルさんと1つずつ確認して、最終的に最も条件に近い1つの賃貸物件に引っ越すことが決まりました。

　その後も、クスオさんはPREPとDESCを使い分け、必要に応じてSCQで相手のニーズをつかむやり方で、賃貸物件は常に満室状態を保てるようになりました。

Situation（状況提示）	Complication（複雑化）	Question（問い）
お互いにとって自明で確実な事実を提示する	さらに自明な事実を重ねることで話を展開し、論点・問いへつなげる	答えるべき問いが何か相手に意識させる
犬は吠える	犬の吠える声が原因で、近隣住民との間にトラブルが発生する	犬の鳴き声をどのように管理したいか
犬は散歩する	適切な散歩コースがないとストレスで犬の健康や行動に悪影響を及ぼす	犬の運動ニーズを満たすために、どのような環境で散歩させたいか

親和図法

 **Q** **商品の陳列をわかりやすくしよう**

スーパー「ラビリンスーパー」では、店長のトオルさんが店の売上低下に頭を悩ませていました。

ラビリンスーパーはベテランのパート職員に商品の陳列を一任していたのですが、運悪く陳列担当のスタッフが全員辞めてしまいました。そのため現在はトオルさんが陳列を管理しています。

新商品の追加や定番商品の欠品補充時、特にルールもなく陳列していたため、徐々に商品の陳列が乱れるようになり、気がつけばどこに何を置いているのか把握するのが難しい状況に陥っていました。

お客さんは欲しい商品を見つけるのに苦労し、店内をさまようことが多くなりました。商品探しの不便さにストレスを感じたお客さんが徐々に来店しなくなり、今では売上が3割以上もダウン、ラビリンスーパー自体の信頼性にも傷がついています。

客離れの原因となった商品陳列を秩序ある形に戻すために、トオルさんはどんなアプローチをすべきでしょうか？

使用するフレームワークの解説

親和図法は、一見関連性がなさそうな情報でも、その本質的な関連性を発見するのに有用なツールです。親和図法を用いて情報を整理することで、新たな視点やアイデアを見つけ出し、問題解決に役立てることができます。また、集団で使用することで多様な視点を集約し、共通の理解を形成するのに役立ちます。

データ収集

- 問題解決やアイデア生成の場を設定
- 参加者からアイデアや意見、問題のデータ（付箋紙）を収集し、全員が見える場所に提示

トルコ
イラン
カタール
クウェート
UAE

グループ化

- 収集したデータ（付箋紙）を見ながら、類似または関連するアイデアを全員の目線でレビューしてグループ化

| 大きな川あり | トルコ |
| | イラン |

大きな川なし	カタール
	クウェート
	UAE

ラベリング

- グループのアイデアやデータの本質を捉えたラベル（見出し）を各グループに設定

| 水資源：多 | トルコ |
| | イラン |

水資源：少	カタール
	クウェート
	UAE

発見

- 親和図上で関連するグループを近くに配置し、グループ間や要素間の新しい関係を発見
- 必要に応じてさらに上位のグループを設定

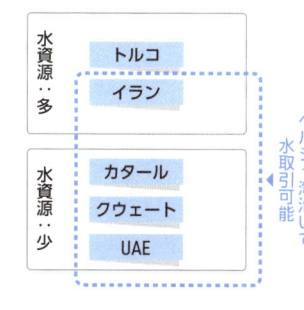

| 水資源：多 | トルコ |
| | イラン |

水資源：少	カタール
	クウェート
	UAE

ペルシャ湾沿いで水取引可能

1　データ収集する

Answer

　トオルさんは、クレームの寄せられた商品を列挙していくことから始めました。「みかん、卵、塩、鶏肉、キャベツ…」という具合に数え上げるときりがありませんが、それでも1個ずつ付箋に書き出して、ホワイトボードに貼りつけていきます。

　たくさんの付箋を書き出しているうちに、どうやら食品の置き場所がわかりにくくて困っている声が多いことにトオルさんは気づきました。そこで最初のデータ収集では食品に絞って整理をすることにします。

② グループ化する

　これらの食品を1つずつ見ていくと手間がかかるため、似たような属性のものをグループ化することにします。

　たとえば、みかんもイチゴもキウイも果物なので、「果物」というグループを作ってそこに含めます。牛肉と豚肉と鶏肉は「肉」、塩と砂糖とスパイスは「調味料」という具合に整理をしていきます。

　この結果、食品系には「果物」「野菜」「乳製品」「肉」「魚」「卵」「パン」「ドーナツ」「調味料」というグループでそれぞれの食品を分類できそうだとわかりました。

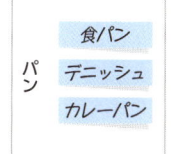
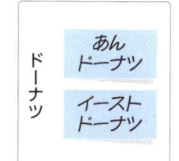

③ ラベリングする

　さらに工夫を加えます。トオルさんがこれまでのクレームから改善要望を読み込むと、新たなニーズがわかりました。

　日々の食材を買う際にまとめて眺めて献立を決めたいニーズがあり、「生鮮食品」という大グループを設けて、それらの商品を同じエリアに配置することにします。

　また、パンとドーナツは両方合わせてパンと認識しているお客さんが多いことから、「ベーカリー」コーナーを設けてわかりやすくします。

　大グループの案内をフロアに設けたことで、お客さんはスムーズに買い物することができるようになりました。

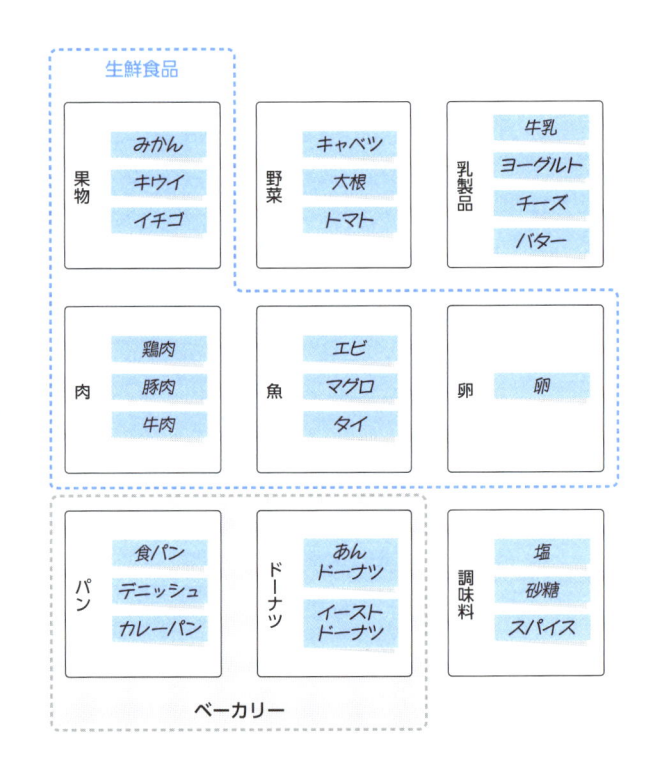

4 親和図を見て気づきを得る

　トオルさんの努力により、ラビリンスーパーは地域のお気に入りのスーパーとして再び花開きます。他の商品にも親和図法を用いた整理を拡げていき、今ではお客さんにとって使いやすく、スタッフにとっても補充や管理が容易なスーパーになりました。

　親和図でグループ管理を続けた結果、トオルさんはさらなる気づきを得ます。たとえば、使用頻度と重要度が似ているものを近くに置くと同時に買ってくれるケースが増えました。

　定番の商品配置に加えて、お客さんの生活シーンから着想を得て、ついで買いを促す商品の組み合わせがあることを発見しました。トオルさんとラビリンスーパーはこれからも地域の人々のニーズをつかみ、人気店として発展するでしょう。

**使用頻度と重要度が
似ているもの**

- 朝食で使いやすい (牛乳、パン、卵など)
- 高齢者が好む (煮物惣菜、和菓子、お茶など)

**同じ料理で
使いやすいもの**

- エスニック料理 (調味料など)
- イタリアン (パスタ、ソース、ひき肉など)

**季節・イベントに
応じたもの**

- クリスマス向け (鶏肉、シチューのルーなど)
- お正月向け (もち、雑煮、寿司など)

アローダイヤグラムとPERT図

　TOC（制約理論）でボトルネックを見つける重要性を1-7で紹介しましたが、それを汎用的なビジネスフレームワークに昇華させたものがアローダイヤグラムとPERT図です。

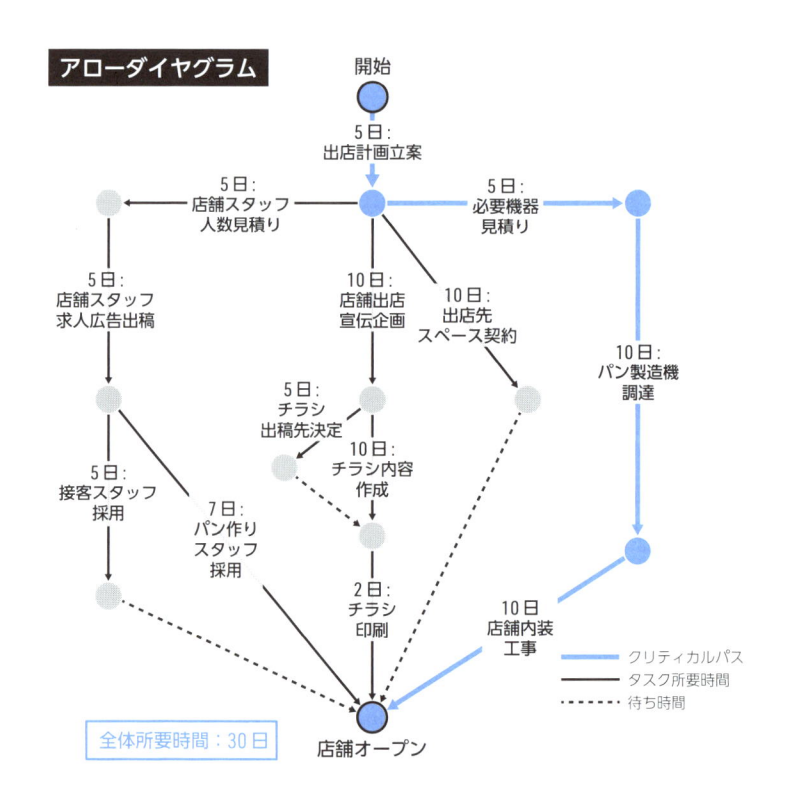

アローダイヤグラム

開始

5日：
出店計画立案

5日：
店舗スタッフ
人数見積り

5日：
必要機器
見積り

5日：
店舗スタッフ
求人広告出稿

10日：
店舗出店
宣伝企画

10日：
出店先
スペース契約

10日：
パン製造機
調達

5日：
接客スタッフ
採用

5日：
チラシ
出稿先決定

7日：
パン作り
スタッフ
採用

10日：
チラシ内容
作成

2日：
チラシ
印刷

10日：
店舗内装
工事

クリティカルパス
タスク所要時間
待ち時間

全体所要時間：30日

店舗オープン

アローダイヤグラムは、タスク（活動）を矢印で表現し、その矢印の向きでタスク間の依存関係を示します。タスクは矢印で表現され、矢印の始点と終点がタスクの開始と終了を表し、クリティカルパス（最も時間を要する期間）を識別します。

PERT図は、スケジュールのクリティカルパスとバッファ（余剰期間）を見つけるのに役立つものです。作業の完了時点から逆算し、最早で開始できる時間と、遅くともこの時間までに着手しなければならない時間の両方を整理します。なお名前の由来は、Program Evaluation and Review Technique の略です。

TOCはボトルネックを見つけて最大限活用するための考え方でしたが、アローダイヤグラムは「ボトルネックを通る経路」を見つけるためのものです。これをクリティカルパスと呼びます。

たとえば、左図は店舗出店のためのタスクをフロー図にして、それぞれのタスクがどれだけの所要時間であるかを示しています。タスク開始後、「出店計画立案」で5日が必要です。その後、4つのタスクに並行着手でき、「店舗スタッフ人数見積り」と「必要機器見積り」は5日ずつ、「店舗出店宣伝企画」と「出店先スペース契約」は10日ずつの所要時間となります。

出店先スペース契約後は店舗オープンまでに完了していればよいので、点線で待ち時間が発生することを示します。

すべてのタスクを整理すると、最も時間のかかる経路がわかります。今回は「出店計画立案」→「必要機器見積り」→「パン製造機調達」→「店舗内装工事」の経路が合計30日で最長でした。この経路をクリティカルパスとして識別し、これを改善するためにどうすればよいのか検討を始めしょう。

PERT図は、クリティカルパスの所要時間に加え、他タスクがいつまでに着手すればクリティカルパスに間に合うのか整理できます。

たとえば、「チラシ印刷」は最速25日目に着手できますが、28日目まで何もしなくてもクリティカルパスの終了に間に合うことが図から把握できます。

クリティカルパスの終了地点から上にさかのぼるように所要時間を引き算して求めていくことで算出できます。

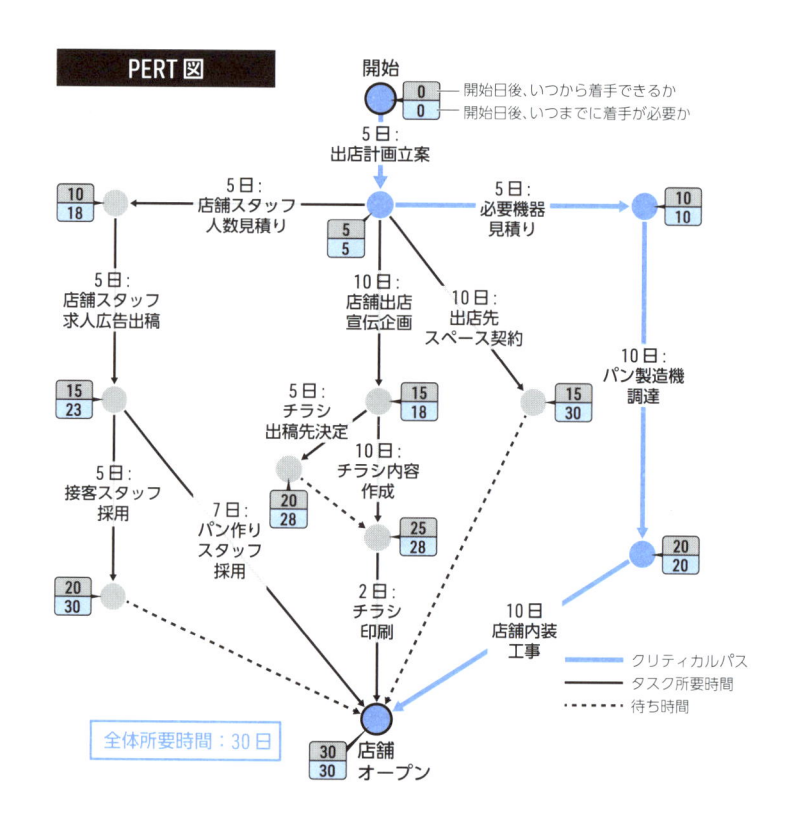

PERT図

開始

| 0 |
| 0 |
— 開始日後、いつから着手できるか
— 開始日後、いつまでに着手が必要か

5日：
出店計画立案

| 5 |
| 5 |

5日：
必要機器
見積り

| 10 |
| 10 |

5日：
店舗スタッフ
人数見積り

| 10 |
| 18 |

10日：
店舗出店
宣伝企画

10日：
出店先
スペース契約

10日：
パン製造機
調達

5日：
店舗スタッフ
求人広告出稿

| 15 |
| 23 |

5日：
チラシ
出稿先決定

| 15 |
| 18 |

| 15 |
| 30 |

5日：
接客スタッフ
採用

10日：
チラシ内容
作成

| 20 |
| 28 |

| 20 |
| 20 |

| 20 |
| 30 |

7日：
パン作り
スタッフ
採用

| 25 |
| 28 |

2日：
チラシ
印刷

10日
店舗内装
工事

クリティカルパス
タスク所要時間
待ち時間

全体所要時間：30日

店舗
オープン

| 30 |
| 30 |

Chapter 2

ラテラルシンキング

ブレインストーミング

 **Q** 教員不足を解決しよう

　地元の学区は深刻な教員不足に直面していました。多くの教師が退職し、新しい人材を確保しなければならない状態で、現場は教育の質が落ち込む危機に瀕していました。

　この問題を解決するため、教育委員会の一員であるイチムラさんは、検討会を主導することになりました。

　検討会の準備と進行にあたり、イチムラさんはいくつかの間違いを犯してしまいました。

　最初のミスは、参加者の多様性を十分に考慮せず、ほとんど似たような背景を持つ教育者のみを招待したことです。

　加えて、セッション中は自由に意見を述べさせることなく、自らが抱いていたアイデアに強く固執し、その方向性を強制してしまいました。

　結果として、新鮮な視点や革新的な提案はほとんど生まれず、教員不足という根本的な問題の解決には至りませんでした。

　来月、再び検討会を開催します。イチムラさんは、次回の会議をどのように主導していくべきでしょうか？

使用するフレームワークの解説

ブレインストーミングは、新しいアイデアを生み出すためのグループ活動の1つです。特定の問題に対する解決策を見つけるために、グループ内の個々の人々が自由にアイデアを提案します。

ブレインストーミングの目的は、可能な限り多くのアイデアを生み出して整理することであり、その中から有用なアイデアを選び出すことは次のステップとなります。

グランドルールは最低限、「批判・評価を禁止する」を設定してください。このルールに従うことで、ブレインストーミングは参加者全員が意見を共有し、自由に考える安全な場を提供します。

目的の明確化と参加者選定	グランドルール設定	アイデア出し	アイデア整理
目的を設定し、多様なバックグラウンドを持つ人を参加させる	どんなアイデアも歓迎されるというルールを設定する	グランドルールに従って、参加者全員がアイデアを発表する	アイデアをテーマやカテゴリー別に整理する

批判・評価を禁止する

Answer

① 目的と参加者を決める

イチムラさんは、教員不足という深刻な問題を解決するために、地元の学区内で新しい教員を確保し、教育の質を維持、向上させることを目的として検討会を開催することにしました。

多様な背景を持つ参加者を選定し、ベテラン教員・新人教員・教育委員会だけでなく、保護者、そして学生自身も招待し、教員を取り巻く関係者すべての視点で問題を理解し、解決策につながるアイデアを話し合っていくことにします。

地元の学区内で新しい教員を確保し、
教育の質を維持、向上させる

ベテラン教員

（立場）
●教員不足によって自分たちの負担が増大していることを懸念している

新人教員

（立場）
●十分なサポートやメンタリングが受けられない現状を問題視している

教育委員会

（立場）
●教員不足による学校運営の困難さと、教育の質の低下を最も大きな問題として捉えている

保護者

（立場）
●教員不足が子どもたちの学習環境に与える影響を心配している

学生

（立場）
●教員不足によって自分たちの学習に必要なサポートが受けられない現状を問題視している

② グランドルールを設定する

会議の始めにグランドルールを設定します。イチムラさんは今回の検討会で、「批判と評価を禁止する」ことと「新人教員のために自分の立場でできるアイデアに絞る」ことを設定しました。

この2つのルールにより、参加者が自由に意見を述べやすくなるだけでなく、それぞれの立場を活かして貢献できるアイデアの提案を促します。

批判・評価を禁止する
自分の立場でできるアイデアに絞る

ベテラン教員
（貢献点）
● 自分の経験を活かしたらどうだろう

新人教員
（貢献点）
● 自分が困っていることを述べてみよう

教育委員会
（貢献点）
● 新人教員の待遇を変えるべきだろう

保護者
（貢献点）
● 保護者としてできることを考えよう

学生
（貢献点）
● 学生が自主的にできることを挙げていこう

③ アイデアを出す

　議論が脱線しないようにするため、イチムラさんが定期的に検討テーマを再確認し、必要な場合は議論を本筋に戻すというやり方をします。

　その結果、10個のアイデアを集めることができました。

- 新人教員向けメンタリングプログラム
- 教材や授業計画を共有するオンラインプラットフォーム
- 教育技術やクラス管理に関するワークショップ

- 経験豊富な教員と一緒に授業を行うチームティーチング
- 教育の質を高めるための奨励金や賞
- 地域社会や企業と連携した代替教育プログラム
- 保護者と子どもが一緒に参加できる親子教室
- 地域社会のボランティアによる教育支援プログラム
- 上級生が学習をサポートする学生教育アシスタントプログラム
- 学生主導で学習クラブや勉強会を組織

ベテラン教員

（アイデア）
- 新人教員向けメンタリングプログラム
- 教材や授業計画を共有するオンラインプラットフォーム

新人教員

（アイデア）
- 教育技術やクラス管理に関するワークショップ
- 経験豊富な教員と一緒に授業を行うチームティーチング

教育委員会

（アイデア）
- 育の質を高めるための奨励金や賞
- 地域社会や企業と連携した代替教育プログラム

保護者

（アイデア）
- 保護者と子どもが一緒に参加できる親子教室
- 地域社会のボランティアによる教育支援プログラム

学生

（アイデア）
- 上級生が学習をサポートする学生教育アシスタントプログラム
- 学生主導で学習クラブや勉強会を組織

その後 アイデアを整理する

イチムラさんは、ブレインストーミングで出たアイデアをグルーピングし、解決の方向性を明確にして実行可能な解決策へとつなげることにします。

この検討会を発端に、教員不足問題を多角的に解決し、教育の質を維持・向上させるための具体的な行動計画を立案しやすくなりました。今後、イチムラさんの整理したテーマ単位で施策が実施され、教員採用数も徐々に増えることでしょう。

教育サポートの強化

| メンタリングプログラム | プロフェッショナル開発ワークショップ | 学生教育アシスタントプログラム |

コラボレーションの促進

| 共有リソースプラットフォーム | チームティーチング | 学習クラブ |

リソースの最適化

| メンタリングプログラム | 代替教育プログラム |

コミュニティとの連携

| 親子教室 | 地域社会のボランティアによるプログラム |

因果関係 / 相関関係

2-2

Q 犯罪検挙数が変化した理由を調べよう

　ニールさんはデータ分析に精通した刑事で、都市部のある警察署に勤務しています。この警察署は近年、犯罪検挙数が大きく増加しています。

　同時期に監視カメラの数が増えていることから、ニールさんは検挙数増加と監視カメラ増加は因果関係があると考えて、さらなる調査分析を行いたい旨を上長へ伝えました。

　この話を耳にした署長は、監視カメラの強化が犯罪検挙数の増加に寄与したのだと考え、関係者を集めて情報発信を繰り返します。その結果、この警察署はモデルケースとなり、各地の警察署で監視カメラの配備が進みました。

　その後、監視カメラが500台までは順調に犯罪検挙数も増えていましたが、それ以上の台数になった頃から犯罪検挙数はなぜか減少し始めました。監視カメラの効果が説明できないと、モデルケースとなったこの警察署の評価にも影響が出ます。

　ニールさんは、どのようにして犯罪検挙数の減少の理由を整理するとよいでしょうか？

使用するフレームワークの解説

　「因果関係」と「相関関係」のフレームワークは、2つの事象の間に存在する関連性を分析するためのツールです。

　因果関係とは、1つの事象が他の事象を引き起こす直接的な原因を含む関係を指します。一方、相関関係とは、2つの事象が同時に起こる傾向があるが、それは間接的な原因であり、必ずしも1つが他の1つを引き起こすわけではない関係を指します。

　問題の背後にある原因を理解し、解決策を見つけるための洞察を得ることができ、事象の表面的な相関関係から一歩進めて、真の因果関係を探ることで、効果的な解決策を見つけ出すことが可能となります。

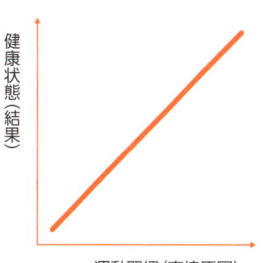

因果関係

片方の要素（直接原因）が変化するともう一方が変化する

健康状態（結果）

運動習慣（直接原因）

定期的な運動習慣は心血管系の健康を改善する。（運動が原因で健康状態が結果として改善される）

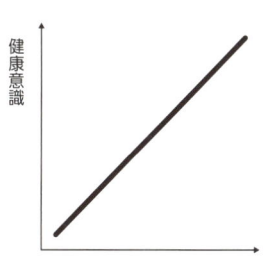

相関関係

片方の要素が変化するとき、もう一方も変化し、その逆も同様になる

健康意識

運動習慣

運動を日常的に行う人々は健康に関する意識も高い傾向にある。（どちらが原因でどちらが結果かはまだ特定できない）

Answer

① データを収集して可視化する

　片方のデータが原因でもう片方のデータに影響を与えている因果関係をニールさんは見つけたいと考えています。現時点でわかっていることは、以下の通りです。

● 監視カメラの増加と検挙数の増加の間に相関関係がある

　監視カメラが500台までは両者に比例関係がありましたが、その後、検挙数が減少するようになったことから、両者に因果関係はなさそうです。

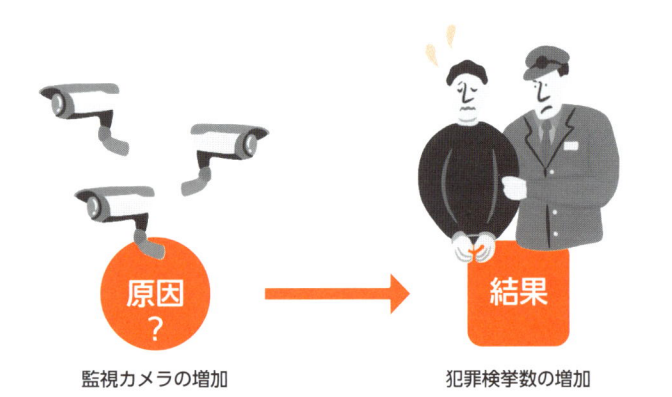

監視カメラの増加　　　犯罪検挙数の増加

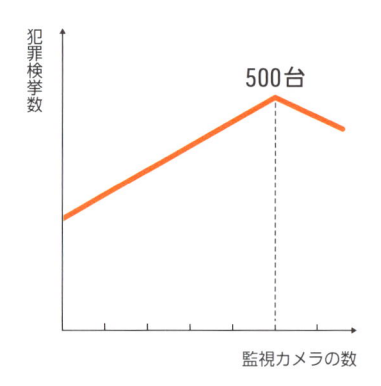

犯罪検挙数

500台

監視カメラの数

② データから仮説を設定する

そこでニールさんは次の仮説を考えてみました。

- 犯罪者が監視カメラを意識して犯罪行為を控えるようになった
- 市民が防犯意識を高めるようになった

この2点は犯罪件数を減少させる要素になり得ます。

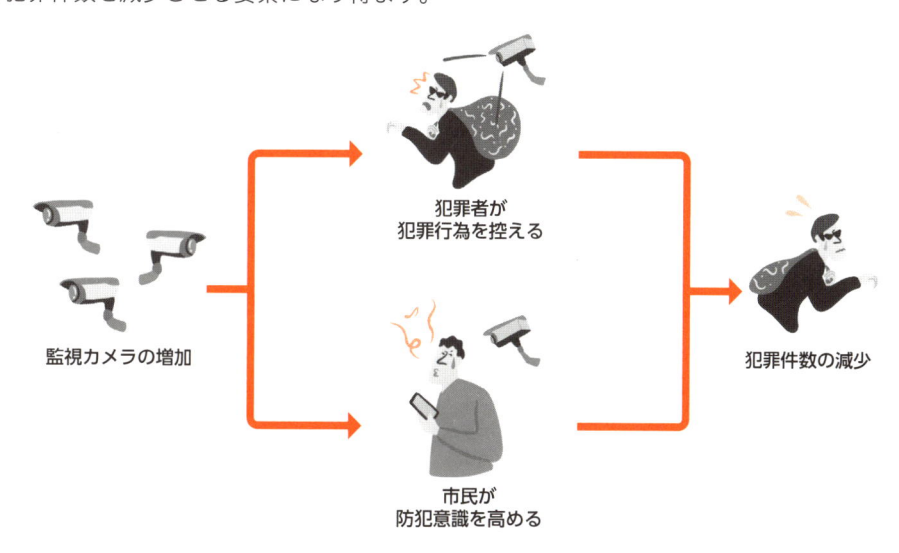

監視カメラの増加

犯罪者が
犯罪行為を控える

市民が
防犯意識を高める

犯罪件数の減少

Answer

③ 直接原因と間接原因を分類する

　ニールさんはさらなる分析を通じて、監視カメラの増加が理由で「犯罪者が犯罪行為を控える」ようになっていたことを突き止めました。その結果、期間あたりの犯罪発生件数はおよそ半減していたのです。

　また、同時期に防犯グッズの売上が2倍に増えていることが近隣の商業組合の報告から判明しました。「市民が防犯意識を高める」ことで、防犯対策や犯罪予防の行動を積極的に取るようになったようです。

　これらの変化は「犯罪件数の減少」を実現する直接原因であり、これらの変化を促した「防犯カメラの増加」は間接原因と言えます。

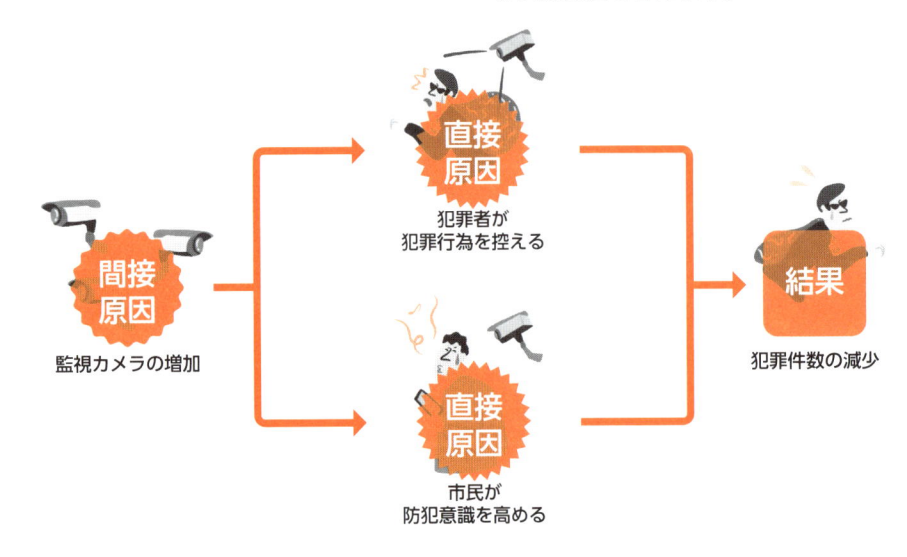

間接原因
監視カメラの増加

直接原因
犯罪者が
犯罪行為を控える

直接原因
市民が
防犯意識を高める

結果
犯罪件数の減少

モデルの精度を高める

今回の分析を通じて、ニールさんは以下の監視カメラ効果モデルを完成させました。このモデルを各地へ展開した結果、今では各地で監視カメラの運用方法が確立されるようになりました。

- 「監視カメラの増加」は「犯罪検挙数の増加」の直接原因である
- 「監視カメラの増加」は「犯罪件数の減少」の間接原因であり、直接原因は「犯罪者が犯罪行為を控える」ことと「市民が防犯意識を高める」ことである
- 「犯罪件数の減少」が原因で「犯罪検挙数を減少させる」ことになる

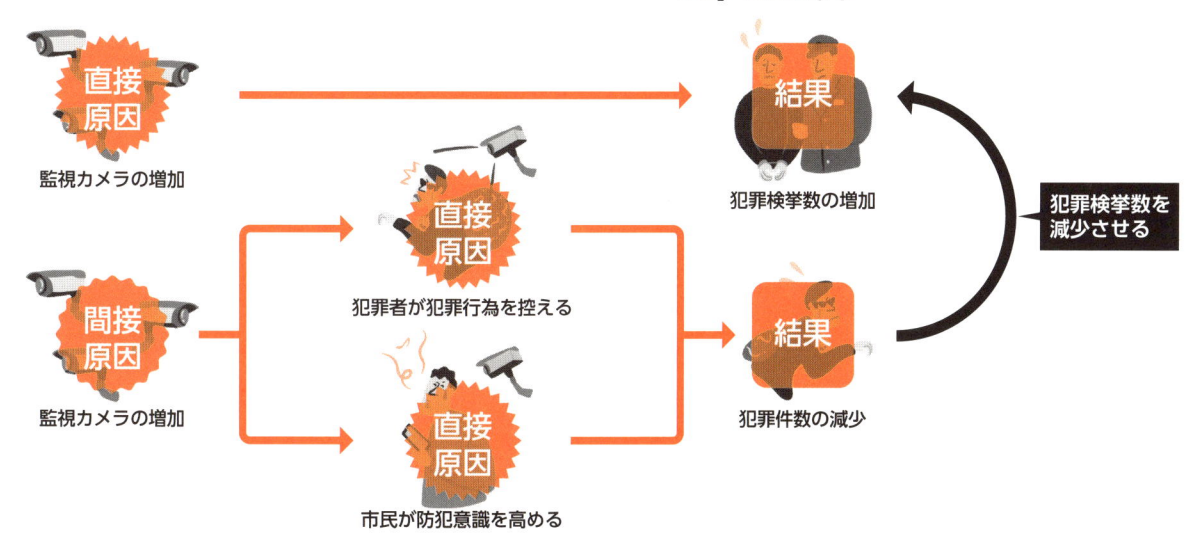

改善点列挙法

2-3

Q 食材を無駄にしない冷蔵庫を考えよう

　料理研究家のサリーさんは、さまざまなレシピ開発に使う食材を冷蔵庫にあふれんばかりに貯蔵していました。彼女の冷蔵庫は、彩り豊かな食材でいつもあふれかえっていますが、賞味期限が切れた食品を頻繁に捨てるという問題も抱えていました。

　この状況はエコではないとサリーさんも考えてはいましたが、仕事柄、料理開発のために多くの食材を確保する必要もあります。改善する気持ちはある中で、日々の忙しさを理由に取り組みをおろそかにしていました。

　その結果、この1年でサリーさんが廃棄した食材は百万円を優に超えるほどのボリュームに達しました。

　あるテレビ番組で「食材を効率的に管理できる冷蔵庫があればいいのに」とサリーさんがコメントしたところ、家電メーカーから「冷蔵庫にどんな機能がついていたら賞味期限を改善できるか協力してほしい」と打診がありました。サリーさんとしても、自身の要望を取り込んだ冷蔵庫を作ってもらえるチャンスです。

　サリーさんはどのようにして冷蔵庫への追加要望をまとめてみるのがいいでしょうか？

使用するフレームワークの解説

改善点列挙法は、問題解決やプロセス改善に役立つシンプルな手法です。この方法は、特定の問題や課題に対して、系統的かつ効率的に改善策を見つけ出し、実装するための4ステップを提供します。

このフレームワークは、問題を明確にして具体的な改善策を段階的に考え、実行に移すための効果的なアプローチです。この手法を使うことで、複雑な問題も小さなステップに分解して順番に解決できます。

改善対象の要素を決める

- 改善したい対象やプロセスを明確に特定します。ポイントは、具体的で明確な目標を設定することです。
- （例）家のリビングの整理整頓を改善する

改善点を列挙する

- 現状の問題点や改善が必要だと感じる点をリストアップします。このとき、どんな小さな点でもかまいません。
- （例）雑誌が散乱している、整理する時間が決まっていない

改善点への解決案を考える

- 各改善点に対して、具体的な解決策を考えます。大切なのは、実行可能で効果的な策を見つけることです。
- （例）雑誌用のラックを用意する、定期的に整理する時間を設ける

解決案を組み合わせる

- 考えた解決策を組み合わせて、全体的な改善プランを作ります。解決策が相互に補完し合うようにします。
- （例）仕切りを加えた雑誌ラックを設置し、読み終えた雑誌は都度所定の位置に戻す

① 改善対象の要素を決める

　冷蔵庫にはさまざまな機能があります。そこでサリーさんは、最初に基本的な機能を列挙してみました。

　生鮮食品を「収納」できることは当然として、「温度管理」・「湿度管理」も基本機能です。温度管理の一部ですが、「冷凍」と「製氷」も必要な機能です。食材同士の臭いが影響しないよう「消臭」もでき、環境保護と節約の観点で「省エネ」もあってほしい機能です。

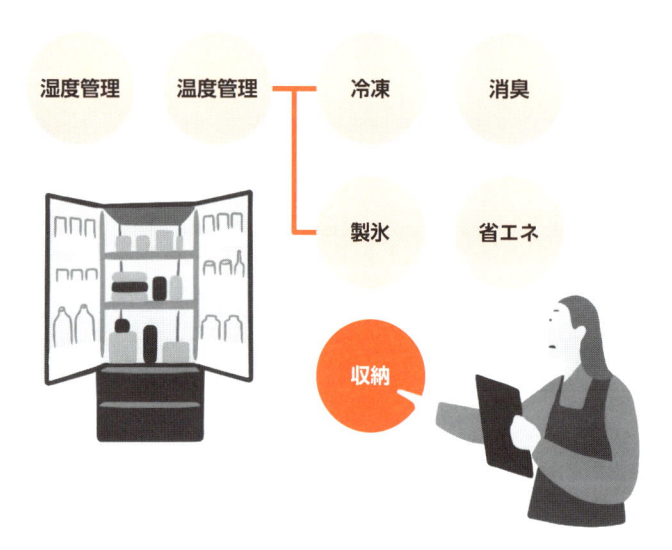

② 改善点を列挙する

　サリーさんが特に悩んでいたのは、「収納」についてです。食材を冷蔵庫に収納する際、食材の位置管理と消費期限追跡のやり方で苦労していました。

　冷蔵庫内で食材がどのように保管されているか、どのように整理されているかに注目します。食材が適切に分類されていなかったり隠れて見えない位置にあると、無駄に追加購入したり食材の廃棄につながるため、改善すべきです。

　食材の消費期限の追跡も重要です。消費期限が書かれたラベルが見えにくい位置にあると消費期限を見落としやすくなります。消費期限の追跡が不十分だと食材廃棄につながるため、改善すべきです。

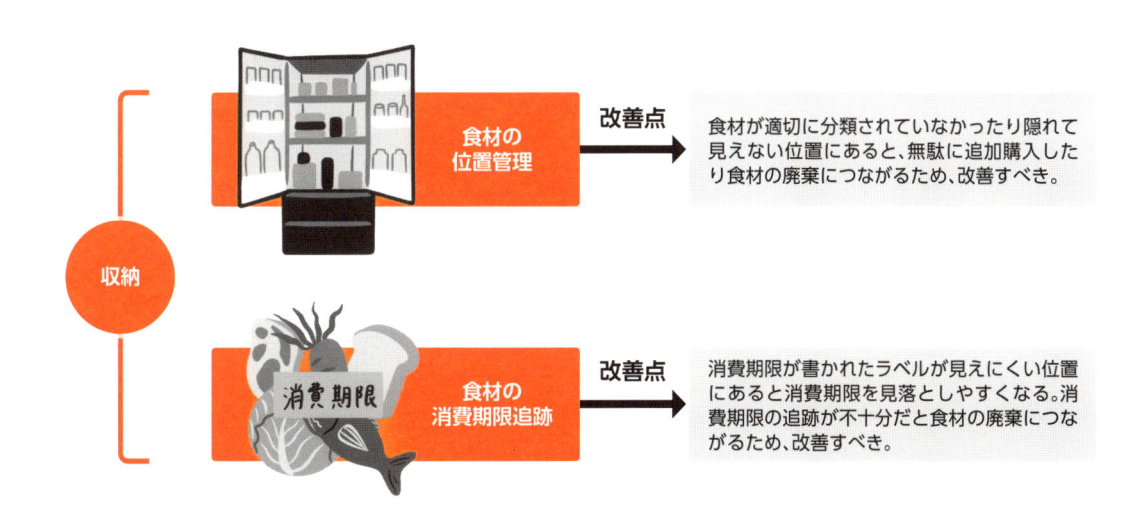

収納

食材の
位置管理

改善点 → 食材が適切に分類されていなかったり隠れて見えない位置にあると、無駄に追加購入したり食材の廃棄につながるため、改善すべき。

食材の
消費期限追跡

改善点 → 消費期限が書かれたラベルが見えにくい位置にあると消費期限を見落としやすくなる。消費期限の追跡が不十分だと食材の廃棄につながるため、改善すべき。

③ 改善点への解決案を考える

　サリーさんのアイデアを家電メーカーに伝えてみたところ、素晴らしい解決案が示されました。「冷蔵庫壁面の透明化」「食材スキャナの導入」「消費期限の一覧化」「消費期限の通知」、これら機能を備えた冷蔵庫なら即買いしたいとサリーさんは強く思いました。

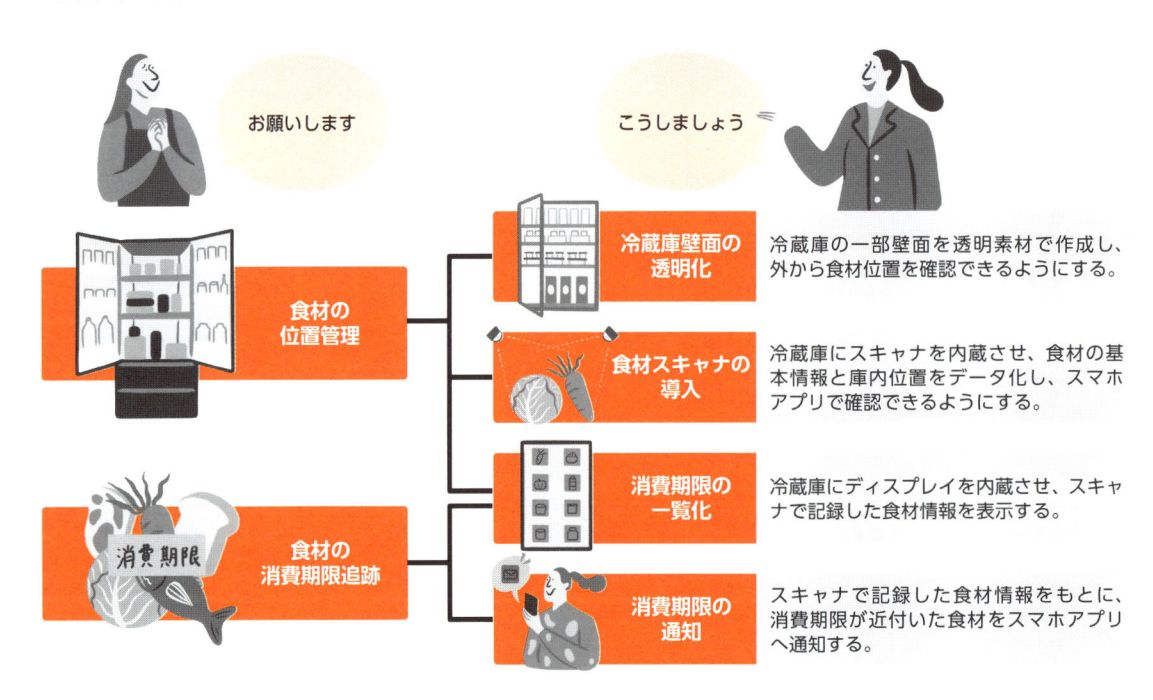

お願いします

こうしましょう

食材の
位置管理

冷蔵庫壁面の
透明化
冷蔵庫の一部壁面を透明素材で作成し、外から食材位置を確認できるようにする。

食材スキャナの
導入
冷蔵庫にスキャナを内蔵させ、食材の基本情報と庫内位置をデータ化し、スマホアプリで確認できるようにする。

食材の
消費期限追跡

消費期限

消費期限の
一覧化
冷蔵庫にディスプレイを内蔵させ、スキャナで記録した食材情報を表示する。

消費期限の
通知
スキャナで記録した食材情報をもとに、消費期限が近付いた食材をスマホアプリへ通知する。

解決案を組み合わせる

家電メーカーからの解決案はそれぞれ素晴らしいものに思えましたが、それらを組み合わせることでさらに素晴らしいサービスを生み出せる可能性にサリーさんは気づきました。

たとえば、冷蔵庫の中に人形のようなパーツを配し、それを冷蔵庫エージェントとしてAIキャラクターにしゃべらせるのはどうでしょう。

このエージェントを通じて、「個人の健康データと関連させた食材選択のアドバイス」「健康面から追加でストックしたほうがよい食材の提案」をできるようになれ

ば、個人の健康管理サービスを提供できます。

このアイデアを聞いた家電メーカーもまた、食品スーパーチェーンおよび配送業者と業務提携し、食材の追加発注と配達までをワンストップで提供するビジネスモデルを思いつきます。

1つのアイデアから解決案が出てきて、それで終わりではないことにサリーさんも家電メーカーも気づきました。個々の改善点を別々に捉えるのではなく、複合させたらどんなものに発展できるのか、改善点列挙法を用いることでアイデアはどこまでも広がります。

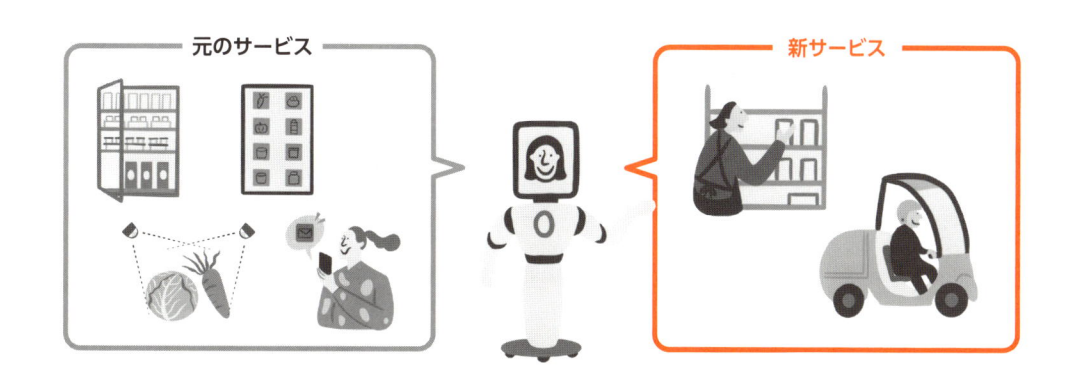

元のサービス　　　　　　　　　　新サービス

Chapter 2：ラテラルシンキング

ECRS

 **Q** 朝の身支度時間を短くしよう

　ヨツヤさんは毎朝、目覚まし時計で起きるのに苦労しています。何度も時計のベルを止めて寝続けてしまうので、いつも複数の目覚ましを時間差でいくつもセットしています。

　その後も、朝ごはんを作るのに手間取ったり、会社に着ていく服を選ぶなど身支度をするのに時間がかかりすぎて、よく会社に遅刻します。

　日中は仕事で忙しく帰ってくるのは夜遅く、自分の時間を持てるのは日付が変わった頃になります。少しでも自分の時間を増やしたいですが、これ以上睡眠時間を削ると仕事に支障が出てしまいそうです。

　ヨツヤさんがもっと楽に、そして朝遅くまで寝ているためには、朝起きてから家を出るまでの時間を見直すしかありません。どのように見直すべきでしょうか？

使用するフレームワークの解説

ECRSは、作業プロセスの効率化を図るためのフレームワークです。それぞれの文字が以下の要素を指します。

E（Eliminate）：不要なタスクやステップを削除する
C（Combine）：複数タスクを同時に行い、全体時間を短縮する
R（Rearrange）：タスクの順番を最適化し、効率的な順序で行う
S（Simplify）：タスクを単純化し、簡潔に行う

このフレームワークを利用することで、日常のタスクやビジネスのプロセスなど、さまざまなシチュエーションでの時間の節約や効率化を実現することができます。

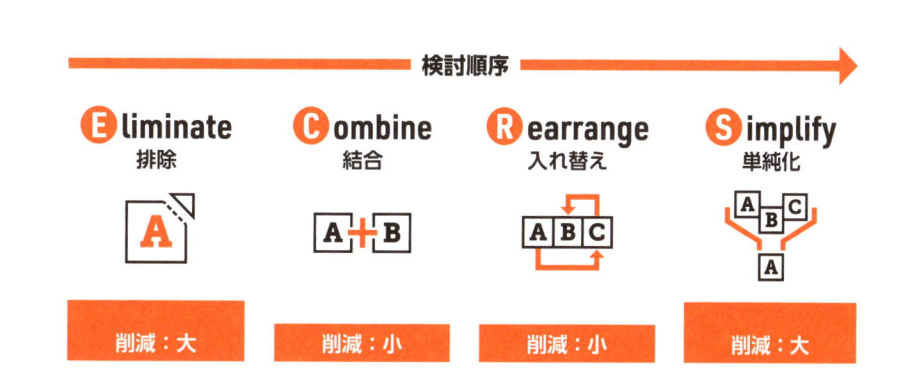

Answer

① 全体像を把握する

　ヨツヤさんの朝の行動のどこに短縮余地があるかを知るため、まずは全体像を把握することにします。

　彼は、起床してからトイレとシャワーを済ませ、朝食を作ります。朝食を食べたら、外出着に着替え、出勤のための仕事道具をそろえます。その後、家の中のゴミを集めながら玄関へ移動し、ゴミ袋を持って玄関を出ていきます。これらすべてで70分を要しています。

　この一連の流れを効率化して、起きてから家を出るまでの時間を短縮しなければなりません。

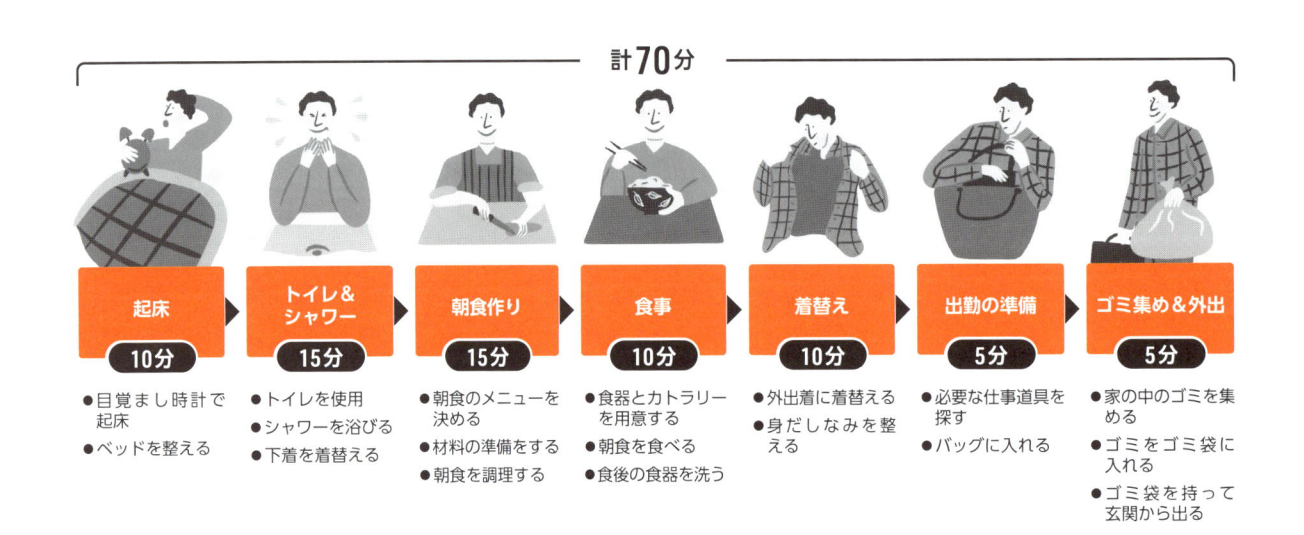

計70分

起床	トイレ＆シャワー	朝食作り	食事	着替え	出勤の準備	ゴミ集め＆外出
10分	15分	15分	10分	10分	5分	5分

- 起床
  - ●目覚まし時計で起床
  - ●ベッドを整える
- トイレ＆シャワー
  - ●トイレを使用
  - ●シャワーを浴びる
  - ●下着を着替える
- 朝食作り
  - ●朝食のメニューを決める
  - ●材料の準備をする
  - ●朝食を調理する
- 食事
  - ●食器とカトラリーを用意する
  - ●朝食を食べる
  - ●食後の食器を洗う
- 着替え
  - ●外出着に着替える
  - ●身だしなみを整える
- 出勤の準備
  - ●必要な仕事道具を探す
  - ●バッグに入れる
- ゴミ集め＆外出
  - ●家の中のゴミを集める
  - ●ゴミをゴミ袋に入れる
  - ●ゴミ袋を持って玄関から出る

② 削除する

　まず、朝のルーチンの中で削除できるものはないか考えます。前日の夜にしてもいいことなら、朝ではなく夜の時間に移動させても問題ありません。そうすれば、朝の時間から作業を削除できます。

　ヨツヤさんはあまり寝汗をかかない体質なので、前日夜にシャワーを浴びれば十分です。朝のルーチンから外しましょう。

　朝食のメニューをシンプルにしたり、前日に準備しておくことで調理時間を短縮できます。メニュー決めと材料調理は前日に済ませることにして、朝の作業から除外します。

　出勤の準備はすべて前日夜に済ませておきましょう。

　これで20分も短縮でき、ヨツヤさんは起床後50分で家を出られます。

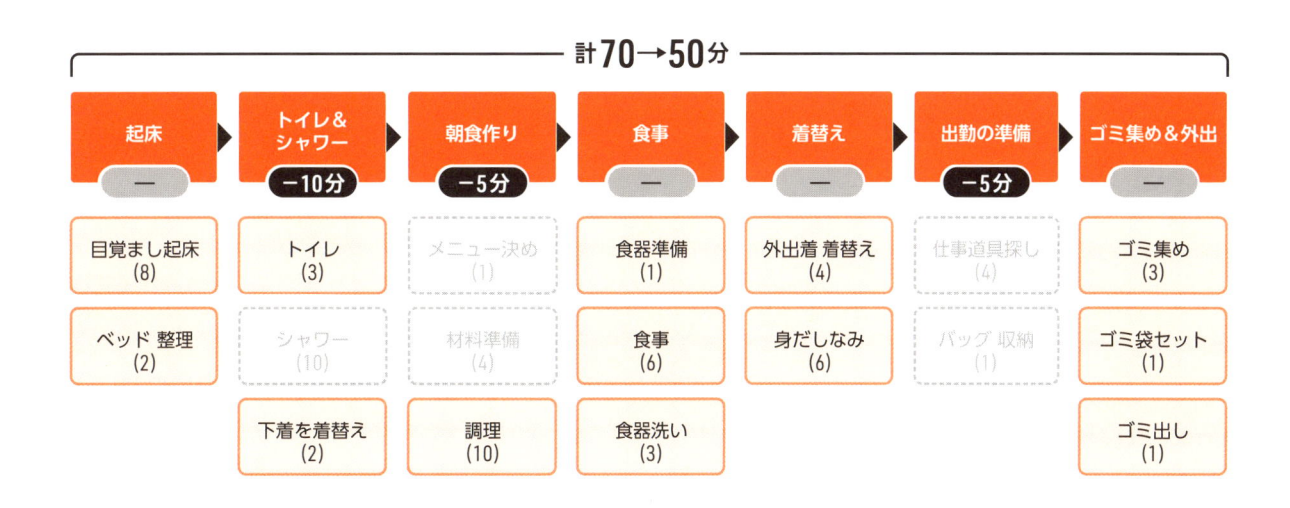

③ 組み合わせたり入れ替える

複数の作業を組み合わせて同時に行う方法を考えてみましょう。

トイレのあとに下着だけ着替えていましたが、シャワーを前日夜に浴びることで不要になります。代わりにこのタイミングで外出着まで一気に着替えれば多少の時間短縮ができそうです。

次に、作業を入れ替えて効率的にできるか考えてみましょう。

家を出る直前にゴミ集めをしていましたが、起床後、寝室から出るときに寝室のゴミを取り出してゴミ袋のところまで持って行けば、時間短縮ができることがわかりました。

これで5分だけ短縮でき、ヨツヤさんは起床後45分で家を出られます。

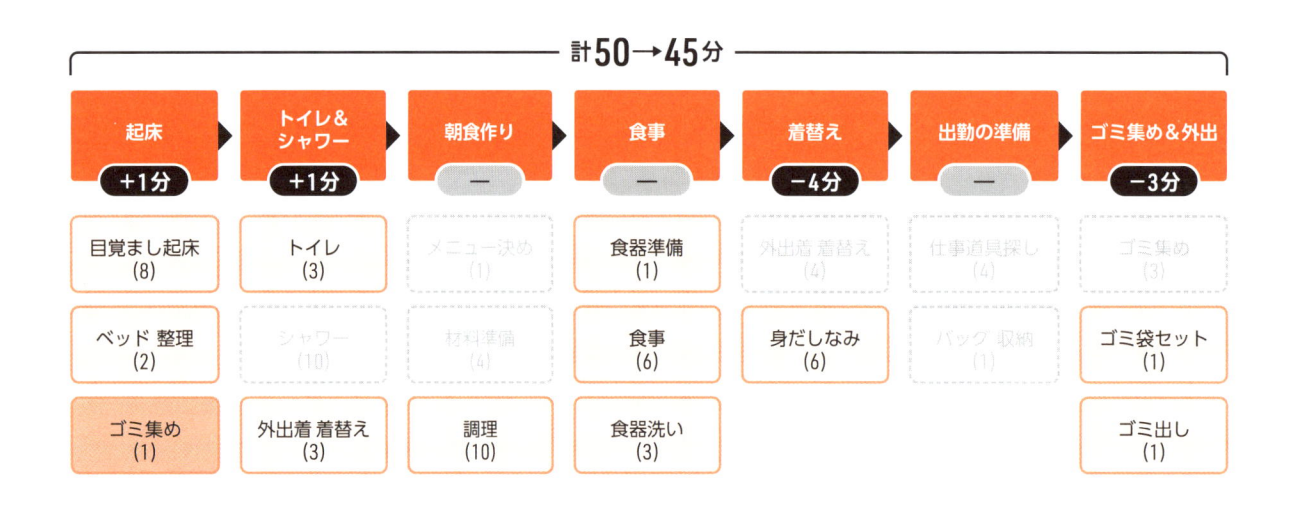

計50→45分

起床 +1分	トイレ&シャワー +1分	朝食作り —	食事 —	着替え −4分	出勤の準備 —	ゴミ集め&外出 −3分
目覚まし起床 (8)	トイレ (3)	メニュー決め (1)	食器準備 (1)	外出時 着替え (4)	仕事道具探し (4)	ゴミ集め (3)
ベッド 整理 (2)	シャワー (10)	材料準備 (4)	食事 (6)	身だしなみ (6)	バッグ 収納 (1)	ゴミ袋セット (1)
ゴミ集め (1)	外出着 着替え (3)	調理 (10)	食器洗い (3)			ゴミ出し (1)

その後 単純にする

　ここまでの努力で起床時間はかなり短縮できました。ヨツヤさんはしばらくこの朝ルーチンで過ごしてみることにします。

　それから1ヵ月が経過し、新しい朝ルーチンに慣れたので、全体的に動きを単純化することで最後の時間短縮をすることにしました。

　目覚まし起床はスヌーズ機能を繰り返して8分かかっていましたが、1つの強力目覚ましにすることで一気に起床時間を短縮できました。

　トイレを出てから着替えの導線も工夫、調理スキルも上がって時間短縮、食器をワンプレートにして洗う時間を削減、髪を短髪にして身だしなみの時間を半減させることに成功しました。

　最終的に13分も短縮でき、起床後32分で家を出られるようになったヨツヤさんは、遅く起きても余裕で出勤できるようになりました。

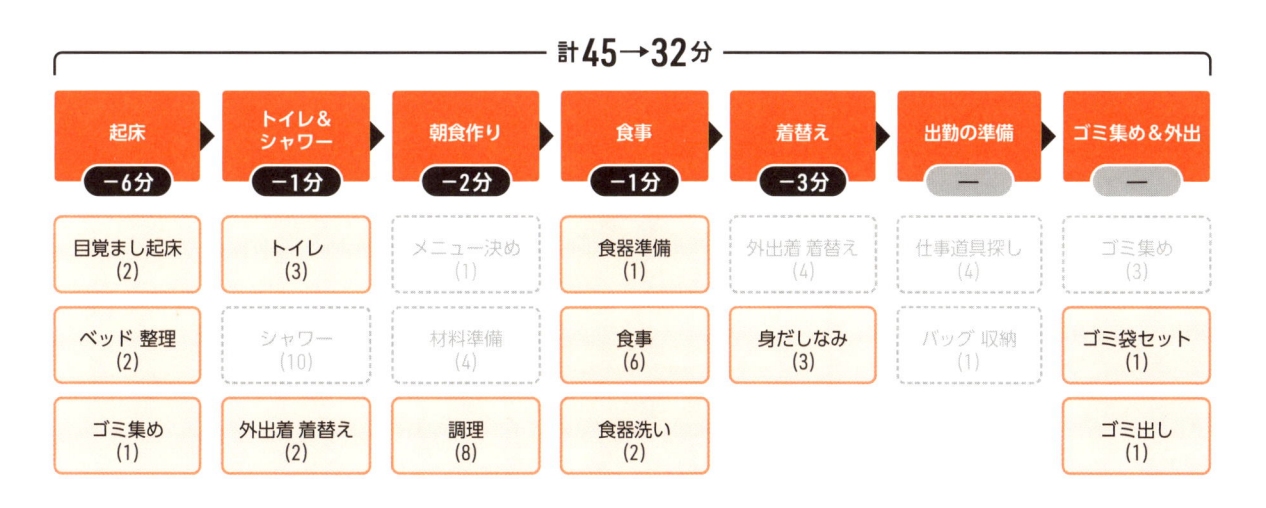

計45→32分

起床	トイレ&シャワー	朝食作り	食事	着替え	出勤の準備	ゴミ集め&外出
−6分	−1分	−2分	−1分	−3分	−	−
目覚まし起床 (2)	トイレ (3)	メニュー決め (1)	食器準備 (1)	外出着 着替え (4)	仕事道具探し (4)	ゴミ集め (3)
ベッド 整理 (2)	シャワー (10)	材料準備 (4)	食事 (6)	身だしなみ (3)	バッグ 収納 (1)	ゴミ袋セット (1)
ゴミ集め (1)	外出着 着替え (2)	調理 (8)	食器洗い (2)			ゴミ出し (1)

SCAMPER

 **着物問屋の悩みを解決しよう**

　ゴウさんが引き継いだ着物問屋は、消費者のニーズと市場の変化に対応できていないという悩みを抱えています。

　多くの人々が、高価な着物を購入することに躊躇しています。価格帯が幅広くなく、手が届きにくいと感じる人が多いため、購買層を広げることが難しい状況にあります。

　消費者が求める多種多様なデザインやスタイルを提供できていないことで、気に入った着物を見つけられないという声も多く上がっています。

　また、オンライン販売や、気軽に入れるカジュアルな店舗が少ないため、購入したいと思ってもどこで買えばいいかわからないという問題があります。着付けや着こなし方、着物の手入れ方法に関する知識が不足しており、これらを学べる機会や情報提供が不足しています。

　そもそも、現代のライフスタイルの中で着物を着る機会が少ないため、消費者は着物への投資価値を感じにくくなっています。

　ゴウさんは、どのような考え方に基づいて、これらの問題に対処するためのアイデアを整理するのがよいでしょうか？

使用するフレームワークの解説

SCAMPER は、問題解決やアイデア生成のためのラテラルシンキング（横方向の思考）を促進するテクニックの1つであり、7つの異なるアプローチを示す各文字の頭文字から成り立っています。

この手法は、既存の製品、サービス、プロセスに対して、定型的な質問を通じて新しい視点や改善点を見出すことを目的としています。

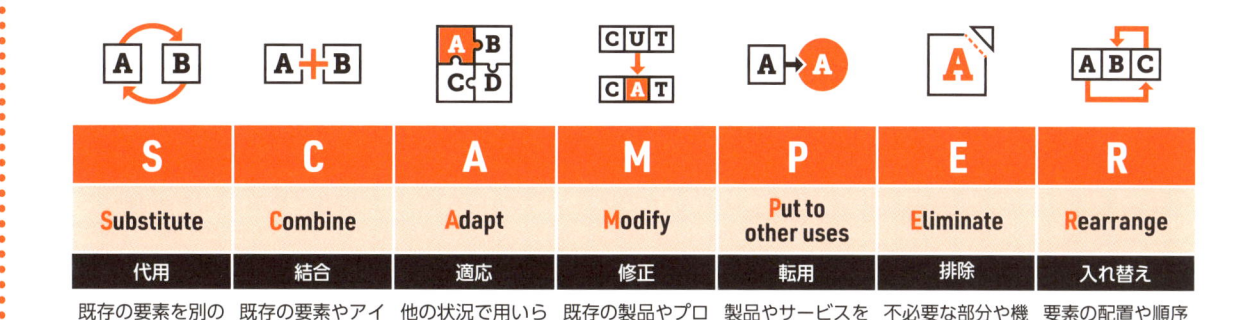

S	C	A	M	P	E	R
Substitute	**C**ombine	**A**dapt	**M**odify	**P**ut to other uses	**E**liminate	**R**earrange
代用	結合	適応	修正	転用	排除	入れ替え
既存の要素を別のものに置き換える	既存の要素やアイデアを 組み合わせる	他の状況で用いられているアイデアを自分の問題に適用する	既存の製品やプロセスの形、質感、色などを変更する	製品やサービスを全く異なる用途で使う	不必要な部分や機能を取り除く	要素の配置や順序を変更する

① 見直す要素を決める

ゴウさんが引き継いだ着物問屋は、多くの問題を抱えています。すでに明らかになっている問題点を整理すると、「価格」「デザイン」「販売チャネル」「知識と技術」「使用機会」が見直すべき要素だと認識できました。

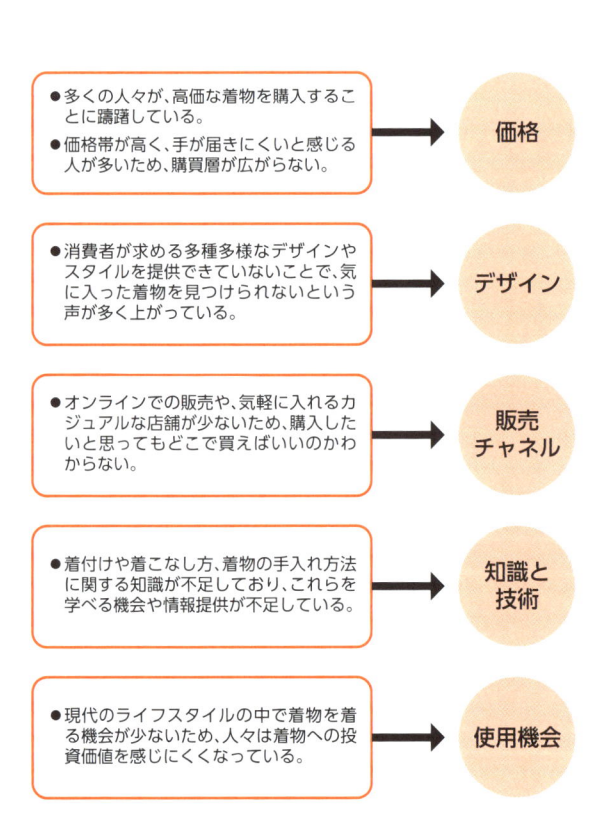

- 多くの人々が、高価な着物を購入することに躊躇している。
- 価格帯が高く、手が届きにくいと感じる人が多いため、購買層が広がらない。

価格

- 消費者が求める多種多様なデザインやスタイルを提供できていないことで、気に入った着物を見つけられないという声が多く上がっている。

デザイン

- オンラインでの販売や、気軽に入れるカジュアルな店舗が少ないため、購入したいと思ってもどこで買えばいいのかわからない。

販売チャネル

- 着付けや着こなし方、着物の手入れ方法に関する知識が不足しており、これらを学べる機会や情報提供が不足している。

知識と技術

- 現代のライフスタイルの中で着物を着る機会が少ないため、人々は着物への投資価値を感じにくくなっている。

使用機会

Answer

② SCAMPERで発想する

主要な5つの要素について、ゴウさんはSCAMPERの7つの観点で解決案を考えてみることにしました。とりあえずムリヤリ考えをひねり出した部分もあるため、いくつかのアイデアは似ているものが出ています。

これらすべてを検証していくのに、ゴウさん1人では限界があります。しかし、検証する人を増やすほどの余裕もありません。

そこで、比較的実用性が高そうな案を7つの観点から1つずつ選んで、それらを深掘りしていくことにしました。

	S 代用	**C** 結合	**A** 適応	**M** 修正	**P** 転用	**E** 排除	**R** 入れ替え
価格	素材変更	会員制レンタル	サブスク	価格見直し	インテリア展開	装飾単純化	直接販売
デザイン	モダン化	宝飾品一体化	海外トレンド	季節限定	着物柄小物	ミニマルデザイン	デザイン反転
販売チャネル	オンライン販売	SNS展開	ポップアップストア	VR試着	イベント進出	販売先限定	販売戦略変更
知識と技術	着付けアプリ	無料着付け教室	高級ブランド模倣	着物文化情報発信	手入れサービス	着付け簡素化	既存ユーザー情報発信
使用機会	カジュアルウェア化	着物着用イベント	海外情報発信	着物スタイル提案	アート化	日常使い提案	着物を着たくなるイベント

Answer

③ Substitute（代用）

　着付けの先生がユーザーに着物の着方を教えるスタイルを見直して、ユーザーが自己学習できる仕組みを作ったら、今よりも着物着用の難しさが下がるはずです。

　着付けの方法を教えてくれるスマホアプリを開発し、全国の着物販売店が協力して広めていくのがよいとゴウさんは考えました。

　着付けアプリは、着物文化を身近に感じたいユーザーにとって革新的なツールになるはずです。このアプリは、着付けの基本から応用まで、ステップバイステップで学べるチュートリアル動画やイラスト入りガイドを提供します。

　また、ユーザーの体型や着たい着物の種類に合わせて、カスタマイズされた着付け方法を提案するパーソナライズ機能を備えています。

　ユーザーは、このアプリを使って着付けの基本を学び始め、徐々に自分のスタイルに合わせた学習を進めることができます。

　特別な行事やイベントに向けてリマインダーを設定し、準備を進めることができるため、着物を着る機会をより楽しむことができます。

　最終的に、このアプリを通じて、ユーザーは着物の着方を楽しく、かつ効率的に学び、着物文化をより深く理解することができるはずです。

A	B

S	
代用	
価格	素材変更
デザイン	モダン化
販売チャネル	オンライン販売
知識と技術	着付けアプリ
使用機会	カジュアルウェア化

④ Combine（結合）

　SNSとネットを組み合わせた販売戦略を展開することは、オンラインで商品を探索して購入する消費者行動パターンへの効果的な対応です。

　まずSNS上でブランド価値を確立することが必要になるとゴウさんは考えました。

　たとえば、Instagramのショッピング機能を活用して、投稿やストーリーズに商品タグを付け、ユーザーが直接商品ページにアクセスできるようにすれば、人々が商品を発見してから購入するまでのプロセスがスムーズになり、購買意欲の向上が期待できます。

　SNS上での顧客サービスやFAQセクションを充実させることで、ユーザーの質問や懸念に迅速に対応し、信頼性を高めます。顧客のフィードバックやレビューを積極的に取り入れ、製品やサービスの改善につなげることも重要です。

　SNSとネットの組み合わせは、ブランド認知度の向上、ユーザーエンゲージメントの強化、売上の増加を実現できます。最終的に、オンラインでの販売チャネルを最大限に活用し、まだ着物に触れていないけど興味がある人々のニーズに応えることができるでしょう。

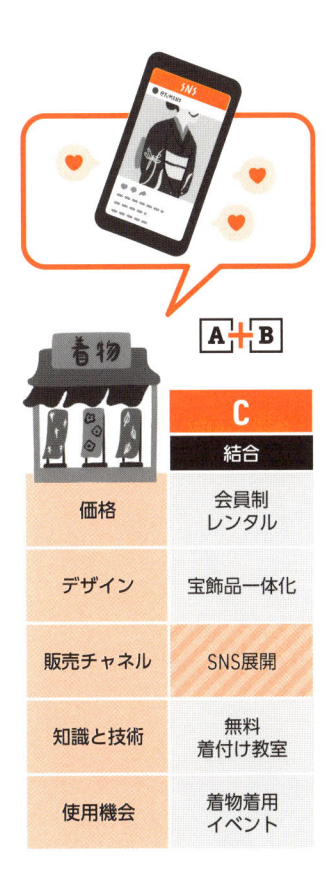

	C
	結合
価格	会員制レンタル
デザイン	宝飾品一体化
販売チャネル	SNS展開
知識と技術	無料着付け教室
使用機会	着物着用イベント

⑤ Adapt（適応）

　サブスクリプションモデルを採用し、着物の使用権を販売するアイデアは、ユーザーが高価な着物を所有する代わりに、必要に応じてさまざまな着物を楽しめるようにすることで、新しい市場を開拓できるはずだとゴウさんは考えました。

　着物サブスクリプションサービスでは、「月に一度の特別デザイン着物レンタル」や「年に数回のイベント用高級着物プラン」など、利用者の使用頻度や目的に合わせた選択肢を考えています。

　利用可能な着物のカタログをネット上で閲覧したり、さまざまなデザイン、色、サイズの着物を季節やイベントに合わせて選択できます。

　マーケティング戦略としては、SNSプロモーションやインフルエンサーとのコラボレーションが活用され、サービスの魅力を積極的に伝えていきましょう。初回利用者向けの割引や友人紹介プログラムも導入することで、新規ユーザーの獲得も進むでしょう。

　これらの取り組みにより、着物の新たな楽しみ方を提案し、ユーザーとの長期的な関係構築を目指します。

A	
	適応
価格	サブスク
デザイン	海外トレンド
販売チャネル	ポップアップストア
知識と技術	高級ブランド模倣
使用機会	海外情報発信

6 Modify（変更）

　オンラインでのバーチャル試着サービスの提供は、着物を購入する顧客にとって画期的な体験をもたらすに違いありません。ユーザーは自分の体型情報を入力することで、選んだ着物が自分の体にどのように見えるかをバーチャル空間で確認できるようになります。きっと話題になるはずだとゴウさんは考えました。

　このサービスはユーザーフレンドリーで直感的なインターフェースを持つことが重要です。ユーザーが簡単に操作でき、さまざまな着物を試着し、色やデザインを比較できるようにすることで、オンラインショッピングの不安を軽減し、購入意欲を高めます。

　さらに、ユーザーがバーチャル試着した着物のスタイリング提案や、着付けのアドバイスも提供することで、購入後のサポートも強化できます。このサービスを通じて、着物の魅力をより多くの人に伝え、特にオンラインでの購入をためらうユーザー層を取り込むことが期待できます。

　バーチャル試着サービスの導入は、マーケティング戦略の一環としても活用できます。SNSの共有機能を組み込むことで、ユーザーがバーチャル試着体験を友人やフォロワーと共有し、着物文化の魅力をより広く伝えてくれることでしょう。

	M
	変更
価格	価格見直し
デザイン	季節限定
販売チャネル	VR試着
知識と技術	着物文化情報発信
使用機会	着物スタイル提案

7 Put to other use（転用）

　着物をアート作品として展示する施策は、着物の新たな価値を創造し、より広い層にその魅力を伝える絶好の機会となります。企画立案後、会場の選定とデザイン、関連イベントの開催、オンラインでの展示まで含めて取り組むことで、今まで着物と接点のなかった多くの人々に着物の魅力を伝えることができるとゴウさんは考えました。

　たとえば「四季を感じる着物の美」や「伝統とモダニズムの融合」といったテーマは、興味を持つ人々と着物との親和性が高そうです。

　着物が持つ芸術性を最大限に引き出すデザインも必要です。会場内には、各着物の解説パネルを設置し、デザインの背景や使用されている素材、伝統的な染色技術の情報などを提供します。

　展示会期間中に、着物の着付け教室や着物デザイナーによるトークセッションなどを開きましょう。訪問者は着物についての知識を深めるとともに、着物文化により親しむことができます。

　オンラインでも展示を行えるなら、遠方に住む人々も展示を楽しむことができます。もちろんSNSやネット、地元メディアを通じて、展示会の情報を積極的に発信します。

P	
転用	
価格	インテリア展開
デザイン	着物柄小物
販売チャネル	イベント進出
知識と技術	手入れサービス
使用機会	アート化

8 Eliminate（排除）

　伝統的な着物の形を保ちつつ、装飾を極力抑えることで、シンプルでありながら洗練された美しさを追求するのはどうでしょうか。色彩、柄、生地の質感に焦点を当て、モダンなライフスタイルに合った着物をデザインできるはずだとゴウさんは考えました。

　まず、ターゲットの特定が必要です。ファッションに敏感な若者やシンプルな美しさを求める層、さらには海外の顧客にも注目し、彼らのニーズを研究し、それをデザインに反映させることが大切です。素材選びと技術の活用にも力を入れます。質の高い素材と高度な染色技術や織り技術を活用して、シンプルながらも深みのある表現を目指します。

　マーケティング戦略では、ミニマルデザインの着物のコンセプトと魅力を効果的に伝えることが重要です。SNSを活用し、着物の新しい魅力をビジュアルに訴えるコンテンツで発信します。ファッションショーへの参加や、インフルエンサーとのコラボレーションを通じて、着物の現代的な解釈を広めることも有効です。

　これらの取り組みでミニマルデザインの着物は、現代のライフスタイルに合った新たなファッションアイテムとして認識されるでしょう。

	E
	排除
価格	装飾単純化
デザイン	ミニマルデザイン
販売チャネル	販売先限定
知識と技術	着付け簡素化
使用機会	日常使い提案

9 Rearrange（入れ替え）

Answer

着物メーカーや店舗が情報発信する従来のアプローチを転換し、着物ユーザー自らが情報発信者となることでコミュニティを活性化させることができれば、着物を着る人や着る機会を増やすことはさらに容易になるはずです。着物ユーザーの熱意が現状を変化させる原動力になるとゴウさんは考えました。

SNS上で、ユーザーが容易に自分の着物スタイルや着こなし方、着物に関するイベントやワークショップの情報を共有できるよう、最初にコミュニティ作成に着物メーカー側が取り組みます。

作成したコミュニティをユーザーへ開放したあとは、ユーザーが積極的に参加しやすい環境を作ることが重要です。フォトコンテスト、着物に関するトリビアクイズ、着付けチャレンジなど、参加を促す楽しいイベントやアクティビティを定期的に開催します。優れた投稿やアクティビティへの参加を表彰することで、ユーザーのモチベーションを高めます。

ユーザーコミュニティ主催のイベントや集まりは着物メーカーや店舗が率先して支援しましょう。こうした活動は、着物に興味はあるがまだ着てみたことがない人々を引き込む効果も期待できます。

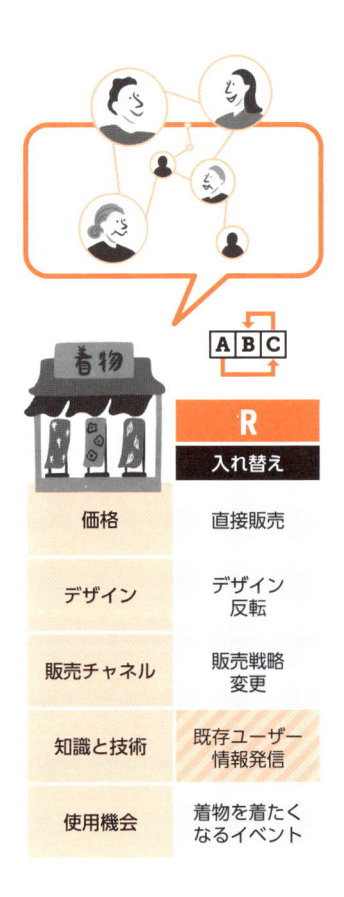

R 入れ替え	
価格	直接販売
デザイン	デザイン反転
販売チャネル	販売戦略変更
知識と技術	既存ユーザー情報発信
使用機会	着物を着たくなるイベント

その後 アイデアを実行する

　これらの取り組みに率先して取り組んだゴウさんの着物問屋は、多面的な戦略を駆使して、業界内での位置を大きく変革しました。

　価格面では、代替素材の使用やサブスクリプションモデルの採用により、着物を手に取りやすくしました。従来の高価格帯市場から、もっと広い顧客層を獲得することに成功し、シンプルなデザインの着物の提供や、季節ごとの限定デザインの発表は、若年層やファッションに敏感な層の関心を引き、新たな顧客層を開拓しました。

　販売チャネルの多様化と革新により、SNSとネットを組み合わせた販売戦略、バーチャル試着サービスの提供など、顧客にとって購入プロセスが格段に便利になり

ました。これは、地方や海外の顧客を含む幅広い層に着物を届けることを可能にし、売上の増加に直結しました。

　さらに、着付けアプリやオンラインチュートリアルの提供、無料の着付け教室の開催など、知識と技術の向上を促す取り組みにより、着物の着用が以前に比べてずっと身近なものとなりました。特に着物の手入れサービスやアート作品としての展示は、着物の新たな価値を提案しました。

　ゴウさんの着物問屋は、伝統的な着物市場に新風を吹き込み、着物の現代的な魅力を再発見させることで、業界のリーダー的存在になりました。

Chapter 2：ラテラルシンキング

ミミック＆ミメーシス

 **Q** 競合に打ち勝とう

　新興のエナジードリンクメーカー「ロックエナジー」は、エナジードリンク市場の巨人「ブルーベア」の圧倒的な成功に刺激され、独自のエナジードリンク製品の開発に乗り出しました。

　ブルーベアが消費者に提供しているような、飲むだけで活力が湧き、精神が高揚する体験を、彼らも自社製品で実現したいと考えました。ロックエナジーの開発チームは、ブルーベアに見られる成分や風味を徹底的に研究し、それをもとに自社製品を作り上げました。そして、市場への投入に際しては、ブルーベアと同様に味わえるエナジードリンクであるという点を強調しました。

　しかし、ロックエナジーが市場に投入した製品は、期待された成功を収めることができませんでした。ブルーベアの模倣品と見なされ、消費者にとって新鮮さや独自性を感じさせなかったからです。ブルーベアとの違いを明確に打ち出すことができず、既存の成功モデルをマネする戦略に終始したため、市場での認知度はどんどん落ちていきました。

　ロックエナジーがここから挽回するためには、どのような戦略でブルーベアに対抗すべきでしょうか？

使用するフレームワークの解説

　「ミミック」とは、成功している商品やサービスの要素を研究し、それを自社のビジネスモデルや商品に取り入れることで新たな市場を開拓する方法です。たとえば、ファストファッションの台頭はミミックの典型例です。ファストファッションブランドは、高級ファッションのデザインを参考に、低コストで迅速に市場に出すことで大きな成功を収めました。

　「ミメーシス」とは、ある対象や事象から、感動や興奮のもととなった要素を取り入れ、それを模倣することで新しい価値やサービスを生み出すアプローチです。たとえば、メジャーな動画配信サービスは、自国の成功モデルを国際市場に適用しましたが、それが受け入れられない地域には各国文化や言語に合わせたオリジナルコンテンツを制作し、地域からの共感と支持を取り付け、グローバルで視聴者基盤を拡大しました。

成功例に学んで新サービスを生み出そう

ミミック戦略		ミメーシス戦略	
成功した製品やサービスを特定し、その成功要因を分析する	**成功事例の特定**	**感動原因の特定**	成功した製品やサービスの感動原因を特定し、それをベースに新たなイメージを膨らませる
成功要因を踏まえ、どの要素をどの程度まで模倣するか決める	**模倣の範囲と方法の決定**	**プロトタイピングとテスト**	膨らませたアイデアに基づくプロトタイプを作成し、実現可能性と市場の反応を評価する
競合製品との直接的な比較を避けるためにわずかな差別化を図る	**製品開発とマーケティング**	**ブランドストーリーの構築と宣伝**	製品だけでなく、それを取り巻く体験や価値観も作り込む
模倣製品を市場に投入し、消費者からのフィードバックを収集する	**市場投入とフィードバック収集**	**市場投入とブランド育成**	顧客とのコミュニケーションやコミュニティを形成して育てる

① 感動原因を特定する

ロックエナジーの失敗は模倣する対象を見誤ったことです。消費者が求めていたのはブルーベアの代用品ではありません。それならブルーベアを飲んだほうがよいからです。

もう一度、ブルーベアを支持する消費者へリサーチしてみました。

その結果、エナジー飲料としての味ではなく、それを飲むシーンやそこで消費者自身がどのような体験をしているかをイメージさせてくれるところに魅力を感じる意見が多くあることに気づきました。

今のロックエナジーは機能性の模倣に留まっていますが、そうした感動体験を消費者に促すマーケティングがそれ以上に大事であると気づきました。新たな戦略として取り込むことにします。

機能性　　　　　　　感動体験

2 プロトタイピングで試す

　ブルーベアの感動戦略は、学生やアスリートの中でクリエイティブな活動に情熱を注ぐ人々をターゲットにしていました。彼らはエクストリームスポーツイベントのスポンサーとなり、有名なアーティストやアスリートとのコラボレーションを通じて、限定版フレーバーを市場に投入し、常に新しい感動を市場に提供しています。

　ロックエナジーの感動戦略は、その外側にいる一般的なビジネスパーソンをターゲットにします。ブルーベアのターゲットから外れている上に、市場規模が大きく、定期的に飲料を摂取する習慣も見られます。

　このターゲットに対して、ロックエナジーが「仕事の集中率を高めてビジネス成果を出すことに貢献する」と訴えかけました。

ブルーベア

学生

アスリート

ロックエナジー

ビジネスパーソン

③ ストーリーを広める

　ロックエナジーは、テレビ番組の冠スポンサーとなり、ロックエナジーを飲んで仕事を頑張ったエピソードを視聴者から動画投稿してもらうイベントを展開しました。

　全国のビジネスパーソンのもとへ取材に赴き、そこでロックエナジーを飲みながら仕事をこなす人々に焦点を当てたこの番組は人気となり、ロックエナジー片手に頑張って働くシーンが注目を集めます。

　テレビCMで流した「ビジネスアワー戦えますか？」のキャッチコピーがSNSでバズり、一般消費者にも広くその存在を知られることになったロックエナジーは、ブルーベアに飽きを感じていた消費者たちにも注目されるようになり、さらに人気が拡大します。

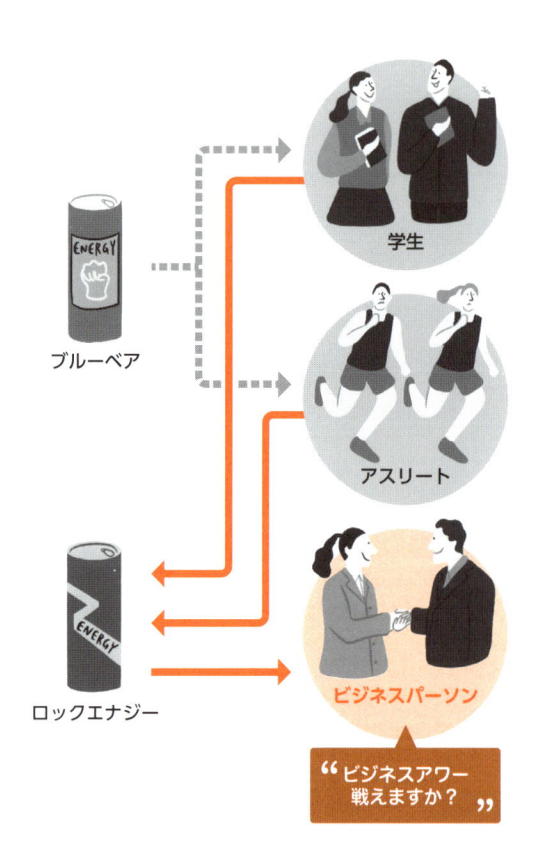

ブルーベア

学生

アスリート

ロックエナジー

ビジネスパーソン

" ビジネスアワー
戦えますか？ "

その後 ブランドを育成する

　この戦略転換により、ロックエナジーはエナジードリンクの市場において独自の地位を確立しました。

　彼らの製品は、ビジネスパーソンのみならず、多くの人々が持つ「仕事を頑張る」情熱を後押しするツールとして受け入れられ、売上は急速に伸びました。

　ロックエナジーが冠スポンサーのテレビ番組はレギュラー化し、ネット上でもロックエナジーを愛する人々が集まるコミュニティが盛り上がり続けています。先日はロックエナジーを愛する芸人さんたちが集まってロックエナジー愛を語りつくす特番も放送されました。

　ロックエナジーはミメーシス戦略によって、競合製品の単なる模倣とはならず、むしろビジネスパーソンの生活に積極的な変化をもたらすブランドへと進化しました。

　機能性を求める市場にはミミック戦略も機能するが、感動を求める市場にはミメーシス戦略が必要であると、ロックエナジーの人たちは強く理解するようになりました。彼らの製品戦略は、その後も市場に対して大きな反響を与えていくことになります。

ロックエナジー

シネクティクス法（直接的）

Q ロボットの渋滞を防ごう

　ナミキさんの会社は、最新の技術を駆使して大規模な倉庫運営を行っています。倉庫内では、数多くの自動化ロボットが日夜、数百万点の商品のピックアップから配送準備まで担っています。これらのロボットは、会社の効率的な物流を支える重要な役割を果たしています。

　しかし、最近になって1つの問題が浮上しました。それは、ロボット同士が作業中に互いの動きを調整できずに、ぶつかりそうになる、または衝突を避けるために急停止するという事態が頻繁に発生していることです。この結果、倉庫内の作業効率が大幅に低下し、商品の出荷作業に支障をきたすようになってしまいました。

　どうしたら、ロボットたちの動きをうまくコントロールして倉庫内の作業効率を改善できるでしょうか？

使用するフレームワークの解説

　「シネクティクス法」とは、ある対象を別の対象の形状や機能に模倣することで、新しいアイデアや解決策を生み出す手法です。「直接的類比」「擬人的類比」「象徴的類比」の3つがあります。

　直接的類比とは、元の対象の主要な特徴や機能を保持しながら、新しい対象を設計・開発することを目指します。この手法は、新しい製品の開発やサービスの改善において有効であり、特に自然界を手本にしたネイチャーテクノロジーが知られています。

シネクティクス法

直接的類比

擬人的類比

象徴的類比

（例）洗濯機の洗濯機能向上

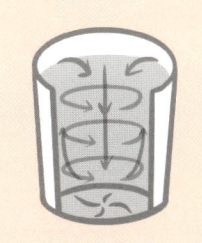

イルカの尾びれと表皮しわを参考に洗濯物を揉み洗いする力を向上できる。

① 問題を特定して目標設定する

　ナミキさんの会社では大規模な倉庫を運営しており、そこでは数百万点の商品をロボットがピックアップして配送ボックスへ格納しています。

　配送物の量がどんどん増えていくのに合わせて、ロボットの数もどんどん増やしていった結果、倉庫の中でロボット同士がぶつかりかけたり、衝突を避けようと動きを止めるロボットたちのせいで渋滞が発生して、業務効率が落ちています。

　これらを踏まえて、「多数のロボットたちが効率的に動き、衝突せずに作業を完遂できるようにすること」を目標に設定しようとナミキさんは考えました。

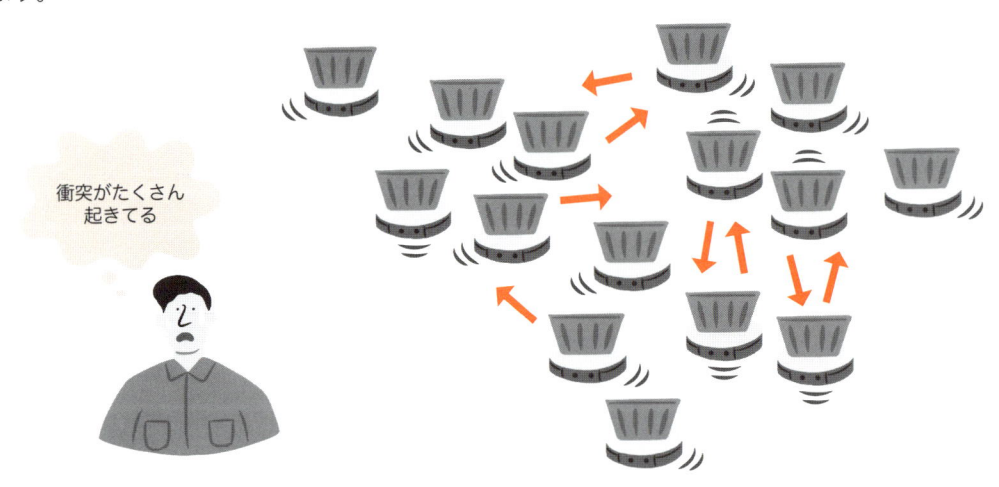

衝突がたくさん
起きてる

2 直接的類比を考える

多数のロボットたちと同じような状況でうまく問題を回避している事例はどこかにあるか、ナミキさんは探してみました。

すると、自然界で参考になりそうな話があると、知人の漁師が教えてくれました。

その漁師はイワシを扱っているそうですが、百万匹を超える群れで行動することも珍しくありません。しかし、イワシたちがお互いにぶつかり合って群れの動きに影響

が出たことはないとのこと。これはイワシに限らず、他の魚にも言えることだそうです。

ここからナミキさんはひらめきました。

魚の群れは、個々の魚が周囲の魚との距離を適切に保ちながら、同時に同じ方向に向きをそろえて移動することで、衝突せずに効率的に泳ぐことができる。この自然界の原理を倉庫内のロボットに応用すれば、ロボットたちもうまく動けるんじゃないだろうか？

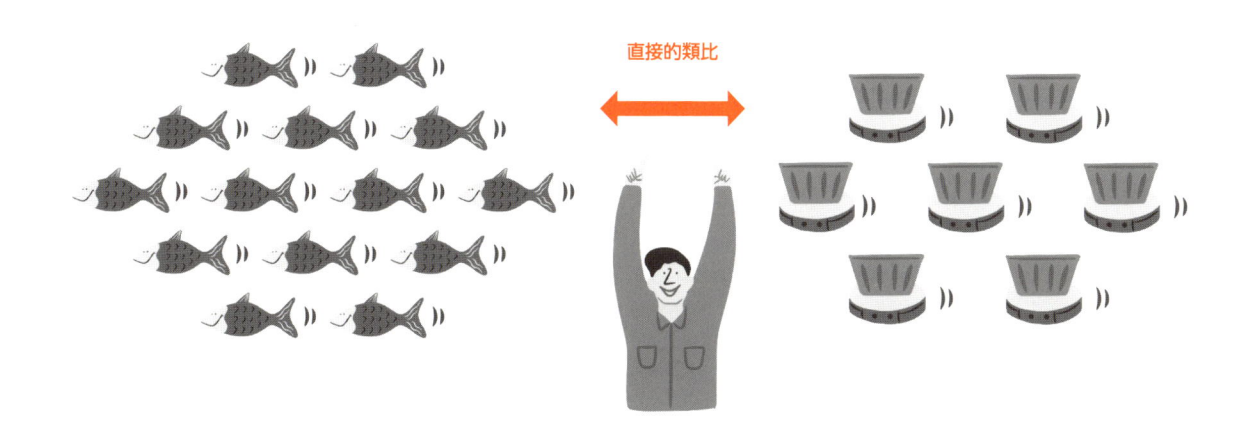

直接的類比

Answer

③ 解決策を実装する

　ロボットにはセンサーと通信機能を搭載し、次の協働ルールを設定することにします。

- 他のロボットと適切な距離を保つ
- 距離が近すぎる場合は適切に位置を調整する
- 群れ全体が効率的な動きを保つため、同方向に動くようにする

　実現のために、ロボットに3つの機能を実装します。

❶ 各ロボットにセンサーを装備し、周囲のロボットとの距離を常に計測するシステムを搭載する
❷ ロボット間で情報を通信できるようにし、それぞれのロボットが自身の動作情報（位置、速度、進行方向）を共有する
❸ 協働ルールをロボットのプログラムに書き加え、動作情報をもとに、他のロボットと効率的に協調しながらタスクを実行する

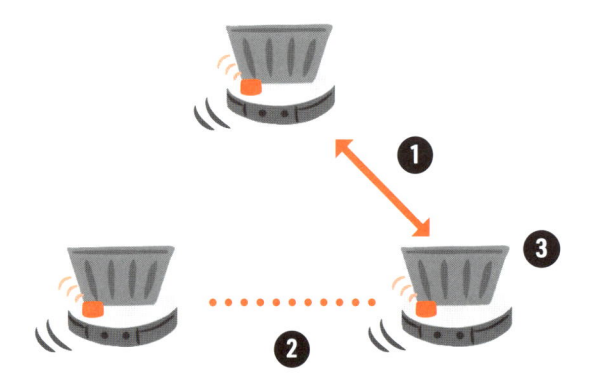

その後 効果を検証して改善する

新機能を実装したロボットを倉庫内で動かした結果、ロボット同士の衝突が著しく減少し、渋滞も解消されました。作業の効率が向上し、以前よりも多くの商品を短時間でピックアップし、配送ボックスへ格納できるようにもなりました。

しかし、これで活動は終わりではありません。しばらく稼働させていれば、正しく行動できないロボットも現れるはずです。そのときは、また他の事例に目を向けて、効率的に解決できる方法を見つけていけばよい、そうナミキさんは学びました。

ゼロから解決策を考えるより、直接的類比のようなすでにある参考事例から考えをスタートさせる効率的な思考法は、これからも倉庫ビジネスを支えてくれることでしょう。

Chapter 2：ラテラルシンキング

シネクティクス法（擬人的）

 **Q** 街中で荷物を自動配送しよう

　ハルさんの会社は、将来の人手不足に対応するため、都市部での配達サービスを革新することを目標に掲げています。

　具体的には、自転車やリヤカーに似た小型で環境に優しい自動配送カートの開発に力を入れており、これにより効率的かつ持続可能なエコ配送システムの構築を目指しています。この自動配送カートは、街中の狭い路地や人混みの中を自動でナビゲートし、商品を目的地まで届ける能力を持っています。

　しかし、開発中の自動配送カートはいくつかの課題に直面しています。特に、都市部での運用において、通行人や駐車車両、工事現場などの予期せぬ障害物を自動で検知し、それらを回避しながら配送する機能が不十分であることが大きな問題となっています。このため、配送中に自動配送カートが停止したり、目的地までの到達時間が予定よりも遅れるなど、業務効率が著しく低下してしまっています。

　どんな機能を自動配送カートに実装すればよいでしょうか？

使用するフレームワークの解説

　「シネクティクス法」とは、ある対象を別の対象の形状や機能に模倣することで、新しいアイデアや解決策を生み出す手法です。「直接的類比」「擬人的類比」「象徴的類比」の3つがあります。

　擬人的類比とは、対象をあたかも人間であるかのように捉え、その「経験」や「感情」を通じて問題を見つめ直します。マーケティングやブランディング、製品設計において特に有効であり、ユーザーの心理や感情を深く理解することが求められる場面で利用されます。

シネクティクス法

直接的類比

擬人的類比

象徴的類比

（例）ロボット掃除機への防犯機能追加

ロボット掃除機は室内を巡回しながら掃除をするのだから、人間のように掃除しながら周りの様子を監視することもできる。無人の室内を巡回監視させれば防犯機能を実現できる。

① 問題を特定して目標設定する

　ハルさんの会社では街中を自動運転で配達してくれる小型の自動配送カートを開発しています。

　都市部でよく見るリヤカーと自転車を組み合わせたエコ配送がありますが、将来の人手不足を見越して、このサービスを自動化することを目指しています。しかし、現在の自動配送カートでは、通行人や路上の障害物をうまく避けて配送することができません。

　これらを踏まえて、「自動配送カートが周囲の環境を"見る"、"感じる"、"反応する"という人間のような機能を持つこと」を目標に設定しようとハルさんは考えました。

配送途中でぶつかってしまった

人だったら見て、感じて、反応できたかもしれない

② 擬人的類比を考える

　自動配送カートのすることは、今まで人が行ってきたことの置き換えです。人の目線、つまり擬人化してさまざまなシチュエーションを想定すれば解決方法が見つかるのではないか、そうハルさんは考えました。

　人が衝突を避ける際の行動を参考に、自動配送カートに同様の機能を組み込むのはどうでしょうか。そこで3つの機能を想定しました。

見る　　：センサーで周囲の物体や人を識別する
感じる　：障害物の存在を特定する
反応する：障害タイプに応じて適切な回避行動をする

　これらを実現するためには、先進的なセンサー技術と、障害物を検知した際に迅速に反応するためのシステムが必要になります。

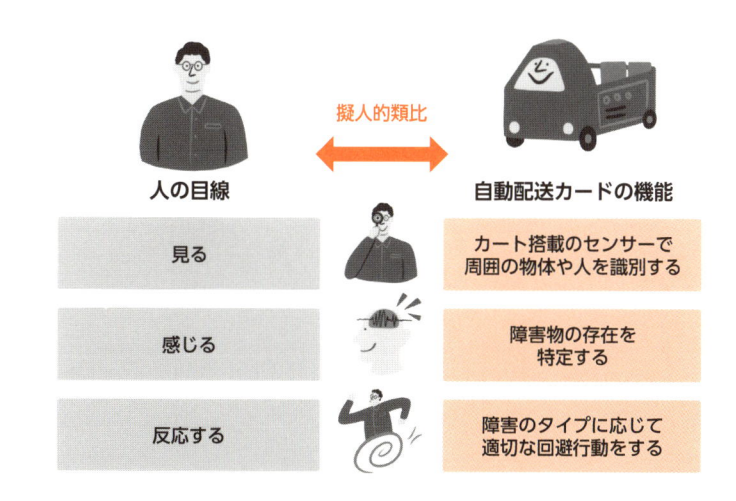

擬人的類比

人の目線　　　　　　　　　**自動配送カードの機能**

見る	カート搭載のセンサーで周囲の物体や人を識別する
感じる	障害物の存在を特定する
反応する	障害のタイプに応じて適切な回避行動をする

③ 解決策を実装する

　実装すべき機能の方向性を決めたハルさんは、それらの開発を具体的に進めることにします。

　ハルさんが技術チームとの会話を重ねた結果、各機能を実現するには、「センサー」と「自動ブレーキシステム」が必要になることがわかりました。この技術を自動配送カートに組み込んだあと、実際の都市部でテストを行い、人や障害物をよけて効率的に配送できるか評価します。

　このテストフェーズでは、自動配送カートがさまざまな状況に適応できるよう、多くのシナリオを設定し、実験を重ねることが重要だとハルさんは考えています。

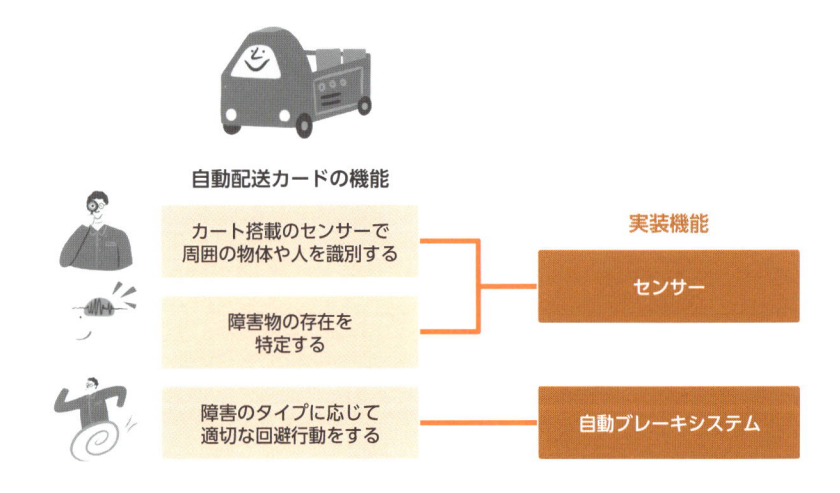

自動配送カードの機能

カート搭載のセンサーで
周囲の物体や人を識別する

障害物の存在を
特定する

障害のタイプに応じて
適切な回避行動をする

実装機能

センサー

自動ブレーキシステム

その後 効果を検証して改善する

　テスト結果をもとにシステムの最終調整を行い、ついに自動配送カートを市場に投入しました。

　ハルさんたちは実運用を開始したあとも、自動配送カートの行動データを収集し、障害物回避機能の精度をさらに高めるための改善を続けます。また、ユーザーや配送先からのフィードバックを取り入れ、サービスの質を向上させていきました。

　人ではない対象を人の目線で捉え直す擬人的類比による分析は、新サービスの品質を見直す素晴らしいアプローチでした。これからも自動配送カートの品質は向上し続けるでしょう。

シネクティクス法（象徴的）

Q 赤ちゃんと保育士の悩みを解決しよう

　クマノさんの友人が経営する託児所では、毎日多数の赤ちゃんが預けられており、その管理には相当な労力が必要です。特に、赤ちゃんたちが突如として泣き出すことが頻繁にあり、そのたびに保育士たちは適切な対応に追われています。赤ちゃんが泣く理由はさまざまで、空腹や眠気、不安など、彼らが言葉で表現できないため、保育士は原因を推測して対応しなければならず、これが大きな負担となっています。

　この問題は、単に赤ちゃんと保育士の両方にストレスを与えるだけでなく、託児所の業務効率にも影響を及ぼしています。赤ちゃんの突然の泣き声に対応するために他の業務が中断され、計画的な保育活動の実施が困難になっているのです。さらに、このような環境では保育士の離職率も高まり、質の高い保育を提供することが難しくなっています。

　この状況を改善するために、友人は助けを求めてクマノさんのもとを訪れました。クマノさんは健康機器メーカーで働いており、特にウェアラブル端末の開発に携わっています。友人は、クマノさんの専門知識を活用して、赤ちゃんの泣き声の問題に対する技術的な解決策を見つけることができないかと考えたのです。

　どんな解決策をクマノさんは考えることができるでしょうか？

使用するフレームワークの解説

　「シネクティクス法」とは、ある対象を別の対象の形状や機能に模倣することで、新しいアイデアや解決策を生み出す手法です。「直接的類比」「擬人的類比」「象徴的類比」の3つがあります。

　象徴的類比は、抽象的なアイデアや概念を通じて新しい解決策やアイデアを生み出す手法です。特に新しい視点や革新的なアプローチが求められる場面で有効であり、問題解決や製品開発の過程で深い洞察や創造的な発想を促進します。

シネクティクス法

直接的類比　　　擬人的類比　　　象徴的類比

（例）スマホアプリを切り替える操作の実装

swipe

スマホ上のスワイプ操作は、本のページをめくる動作に着想を得て実装され、今では基本動作の1つとして定着しています。

Answer

① 問題を特定して目標設定する

　クマノさんは、託児所に預けられている赤ちゃんたちが突然泣き出すことについて、表面的な対処ではなく、その根本原因を深く理解することからプロジェクトをスタートさせました。

　クマノさんは、赤ちゃんの泣き声が単なる騒音ではなく、彼らが持つ唯一のコミュニケーション手段であるという前提に立ち、この泣き声の背後にあるさまざまな欲求や不満、さらには身体的な不調など、具体的な原因を特定するための研究を開始しました。

　研究の初期段階で、クマノさんは保育士や医療専門家との協働を通じて、赤ちゃんの泣き声に隠されたさまざまなサインを解読する方法について深く掘り下げていきました。たとえば、空腹、眠気、おむつの不快感、寂しさ、不安など、赤ちゃんが泣く理由は多岐にわたります。また、身体的な不調や痛みを訴える泣き声もあり、これらは特に迅速な対応が求められる状況であることが明らかになりました。

　これらを踏まえて、「赤ちゃんの要望をパターンごとに適切に検知し、アクション案を示す機能を保育士に提供できること」を目標に設定しようとクマノさんは考えました。

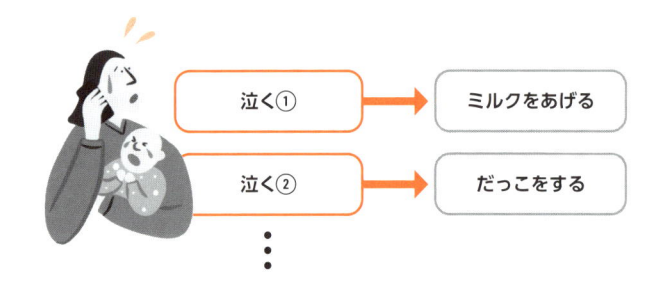

❷ 象徴的類比を考える

　クマノさんのチームでは、ウェアラブル端末を使って心拍数や活動量を監視し、それに基づいてユーザーに健康上のアクションを促すシステムを開発しています。

　生体反応の変化からアクションを促すという概念を赤ちゃん向けに当てはめることで、友人の悩みを解決できるかもしれないとクマノさんは考えました。

　たとえば、「大人」が運動をして「心拍数」が「変動」したら、「安静を促す」通知をスマホアプリへ送っています。これを「赤ちゃん」が泣き始めて「脳波」が「変動」したら、「ミルク投与」通知をスマホアプリに送ることもできるのではないでしょうか？

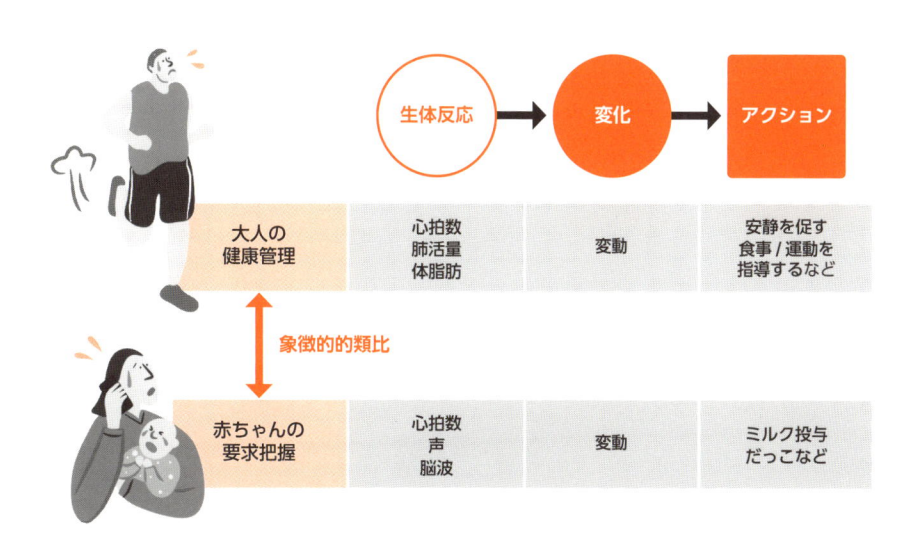

生体反応　→　変化　→　アクション

大人の健康管理	心拍数 肺活量 体脂肪	変動	安静を促す 食事 / 運動を 指導するなど

象徴的的類比

赤ちゃんの要求把握	心拍数 声 脳波	変動	ミルク投与 だっこなど

③ 解決策を実装する

　クマノさんは、託児所での赤ちゃんケアの質を革新的に向上させるため、赤ちゃんの脳波をリアルタイムで読み取り、そのデータを通じて赤ちゃんの感情や欲求を理解できる画期的なウェアラブル端末の開発プロジェクトを立ち上げました。

　この端末は、「赤ちゃんの脳波パターンを正確に識別する機能」と「識別したデータを適切に解析して推奨アクションを提示する機能」が重要になります。

　これにより、保育士は赤ちゃんの非言語的なサインを見逃すことなく、迅速かつ的確に対応することが可能になり、赤ちゃんの不満やストレスを大幅に軽減できるようになるでしょう。

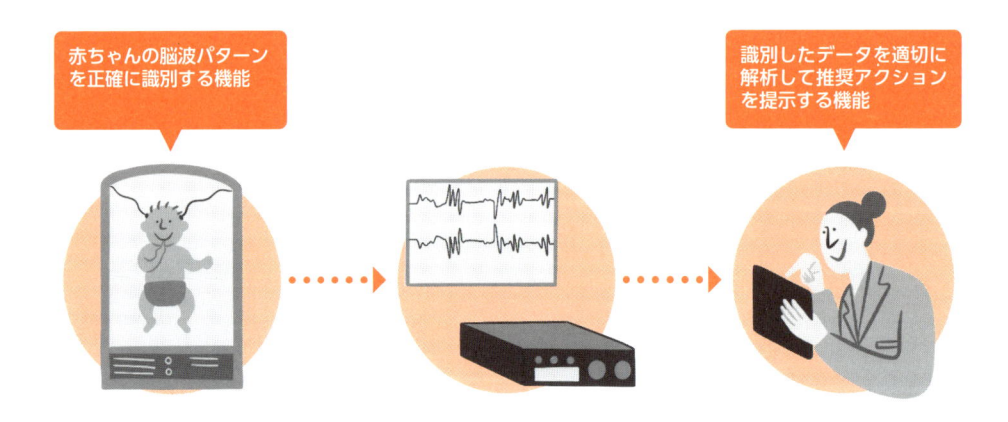

赤ちゃんの脳波パターンを正確に識別する機能

識別したデータを適切に解析して推奨アクションを提示する機能

効果を検証して改善する

　開発したウェアラブル端末を、クマノさんの友人が運営する託児所で使ってみたところ、保育士たちからの評判は上々です。アプリからの通知に基づき、赤ちゃんの要求に迅速かつ適切に対応できるようになったと、多くの感謝の言葉をもらいました。

　この新しいシステムの導入により、赤ちゃんの泣き声に対する迅速な対応が可能になり、保育士の負担が大幅に軽減されました。託児所では、この技術を活用するこ

とで、赤ちゃんたちがより快適に過ごせる環境が実現しました。

　この成功を受けて、クマノさんは「赤ちゃんバイリンガル」という商標を取り、他の託児施設でも導入を進めるべく、売り込みを始めました。将来的には、乳幼児だけでなく、言葉を使えない高齢者や障害を持つ人々のケアにも応用できる可能性を探求していく予定です。

シックスハット法

　強制的に発想することで新たな着想を得ることの効果を2-5（SCAMPER）で紹介しましたが、発想の視点を強制することで、問題解決や意思決定のプロセスを体系的かつ効率的に進めるフレームワークが「シックスハット法」（Six Thinking Hats）です。

　この方法は、思考を6つの異なる視点（帽子）に区分します。白、赤、黄、緑、黒、青の6色の帽子がそれぞれ異なる思考スタイルを象徴しており、問題に対して一方向からではなく、多角的な視点からアプローチすることができます。

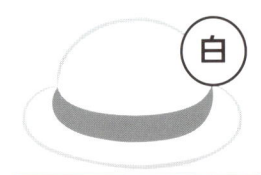

客観的 / 中立的立場

- データや事実だけを話すときに使います。
- 「この数字はどういう意味？」みたいな、ただ情報を集めるときの帽子です。

感情的 / 直感的立場

- 論理や理由はいらない、ただ「こう感じる」という気持ちを話します。
- 「なんとなくこれがいい！」や「なんだかうれしい！」という感情を表します。

積極性 / 希望的立場

- 明るく前向きな意見を出すときに使います。願望と理由も一緒に話します。
- 「これがうまくいくといいな、だって…」という感じで。

シックスハット法は、グループ内でのコミュニケーションを促進し、各参加者が同じ「帽子」をかぶることで、同じ視点から問題を考えるための統一されたフレームワークを提供します。これにより、意思決定プロセスにおける協働が促進され、ラテラルシンキングを活用したより効果的な解決策が生まれやすくなります。

各「帽子」が特定の思考モードを象徴しているため、問題解決プロセスが体系的になり、思考の過程が明確になります。これにより、問題に対する深い理解と、従来にはない新しい視点からの解決策を見つけることが容易になります。

革新的 / 創造的立場

- 新しいアイデアや提案をするときにかぶります。
- 「もしも…」とか「こんなことをしたらどう？」といった、新しいことを考え出すときです。

批判的 / 消極的立場

- 慎重になるときに使います。問題点やリスク、なぜこれがうまくいかないかを話し合います。
- 単純にネガティブになるのではなく、論理的に考える帽子です。

分析的 / 俯瞰的立場

- 全体を見渡すときにかぶります。これまでの話をまとめたり、どう進めていくかを決めたりします。
- 「さあ、次は何を話し合おう？」という司会者のような役割です。

6つの帽子をどのような組み合わせと順番で用いるかは使用者に委ねられますが、成功しやすい方法としにくい方法はあります。参考にしてみてください。

NG例の順序で議論を進めた場合、感情的な意見（赤）からスタートし、その後すぐに問題点やリスク（黒）に焦点を当てるため、参加者のモチベーションが下がりやすく、否定的な空気が流れます。客観的な情報（白）を得たあとでも、すでにネガティブな印象が強く、革新的なアイデア（緑）やポジティブな提案（黄）が出にくい状況になります。最後に全体を俯瞰（青）しても、前向きな結果に結びつくことは難しく、生産的なアウトカムには至りにくいでしょう。

一方、OK例の順序は、情報（白）から始めることで、議論の基礎をしっかりと固めます。その後、ポジティブな視点（黄）でアイデアを膨らませ、革新的なアイデア（緑）を引き出す流れは、参加者をモチベートし、創造的な思考を促します。感情的な意見（赤）をこの段階で取り入れることで、参加者の直感や感情に基づいたアイデアも尊重されます。その後に、批判的な視点（黒）でリスクを洗い出し、分析的・俯瞰的な視点（青）で全体を見渡し、意見をまとめます。包括的に検討し、実行可能でバランスの取れたアイデアを導出するのに有効です。

NG 失敗しやすい例　赤 → 黒 → 白 → 緑 → 黄 → 青

OK 成功しやすい例　白 → 黄 → 緑 → 赤 → 黒 → 青

Chapter 3
クリティカルシンキング

ヒストグラム

3-1

 ゲームの収益を改善しよう

　先月リリースしたオンラインゲーム「ワンモアストライク」はスマホ、PC、家庭用ゲーム機からアクセスして遊ぶことができます。

　マーケティング活動がうまくいっているようで、新規ユーザー登録数は予想通りの順調な立ち上がりでしたが、その後ゲーム運営チームの月次報告で気になる報告を受けました。

　ゲーム利用時間のユーザー平均は2.3時間であり、当初予想の範囲に収まっているのですが、総ユーザー数がなかなか増えていないということです。一方でゲーム運営に必要なサーバーの利用代金は、想定をかなり超える増え方をしていることもわかりました。

　このままではゲームの収益計画が破綻する可能性があります。ワンモアストライクチームはどのように対処すべきでしょうか？

使用するフレームワークの解説

　ヒストグラムとは、要素の分散度合いを棒グラフで表して、要素のばらつきや集中している箇所を知るための統計手法です。頻度やパターンを直感的に理解するのに役立ちます。

　たとえば、顧客満足度調査の結果をヒストグラムで表示し、最も多くの顧客がどの満足度レベルに集中しているかを一目で確認できます。

　データ内の異常値や外れ値を識別するのにも有効です。これにより、異常なデータポイントがビジネスプロセスに与える影響を理解し、それらの異常値を生み出す原因を特定し対策を講じることができます。

　データの偏りの傾向により、読み取れる内容は異なります。

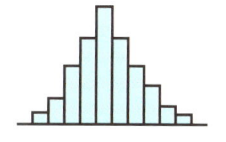
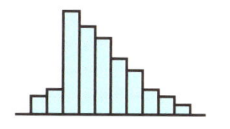
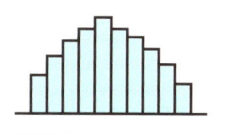
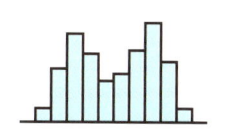
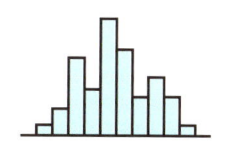

単峰型	崖　型	高原型	双峰型	凸凹型
●一般的なばらつきを示すヒストグラム。 ●特徴のないデータはこの形に収束する。 ●左右に山が偏る場合、頂点周辺の要素をボリュームゾーンとして捉える。	●左端または右端に絶壁が現れるヒストグラム。 ●きっかけや制約があるため、ボリュームゾーンが突然現れる。	●ばらつきが均等にちらばっているヒストグラム。 ●すべての要素で一定のボリュームが発生しており、ターゲットを絞り込みづらい。	●ばらつきのピークが2つに分かれているヒストグラム。 ●二極化しているデータに見られる特徴。 ●2つの異なる要素が混在している場合もある。	●ばらつきに規則性がないヒストグラム。 ●データ不足によって正しく傾向が捉えられていない場合に見られる。 ●データ収集の観点が誤っている可能性もある。

① データを可視化する

Answer

　ワンモアストライクは、ゲーム利用時間こそ予想通りの範囲（2.3時間）ですが、ゲームの全体的なユーザー数の増加が鈍化している状況にあります。これは、新規ユーザー獲得の戦略がうまく機能していないか、既存ユーザーの継続的な利用が減っている可能性が考えられます。

　加えて、想定を大きく上回るサーバー利用代金となっており、特定のプレイヤーグループによるサーバーリソースの過度な利用や、ゲームシステム内の処理が最適化されていないことに起因する可能性があります。

　「ワンモアストライク」のマーケティングチームは、ユーザーの滞在時間データをヒストグラムで可視化したところ、データが双峰型にばらついていることを発見しました。

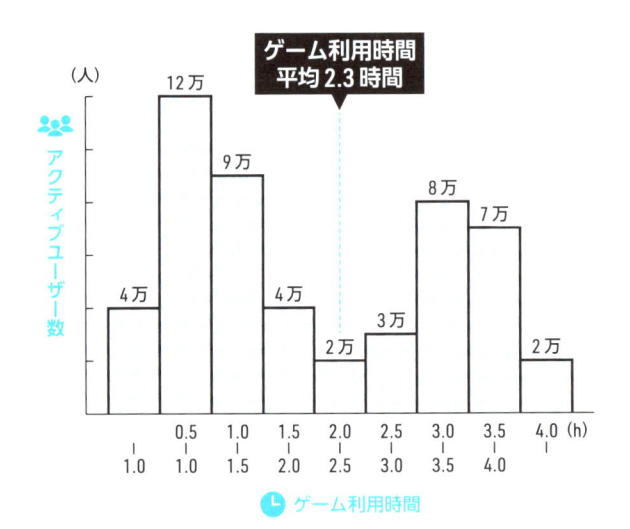

② 原因を分析する

　双峰型のヒストグラムから、短時間の利用に留まるユーザーと長時間利用するユーザーに二極化していることがわかりました。

　深掘りすると、スマホユーザーとPCユーザーの利用状況に顕著な違いがあることが明らかになりました。スマホユーザーは短い滞在時間に集中しており、PCユーザーは長い滞在時間に集中していたのです。

　さらなる調査で、スマホでのゲーム画面の使いにくさとPCユーザーによるサーバー負荷の高い遊び方が問題の原因だと判明しました。

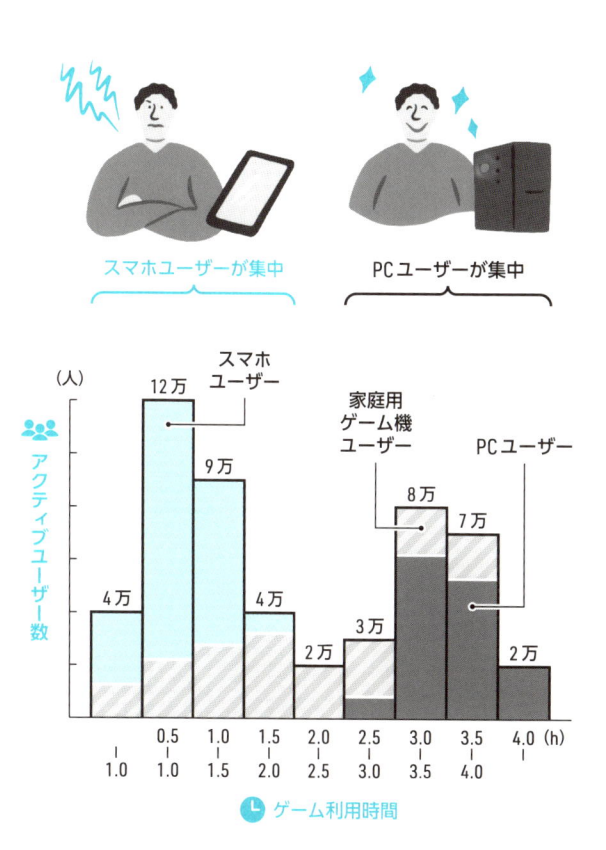

スマホユーザーが集中　　　PCユーザーが集中

③ 対策を実施する

　この問題に対処するため、マーケティングチームは2つの具体的な解決策を立案しました。

　まず、スマホユーザーのためにゲーム画面のレイアウトを改善し、操作性を向上させます。これによって、スマホユーザーの滞在時間を延ばし、課金額の増加を目指します。

　次に、PCユーザーによるサーバー負荷の高い遊び方を制限します。PCユーザーの理解を得られる範囲を見極め、サーバーの利用代金を抑制する措置を講じます。

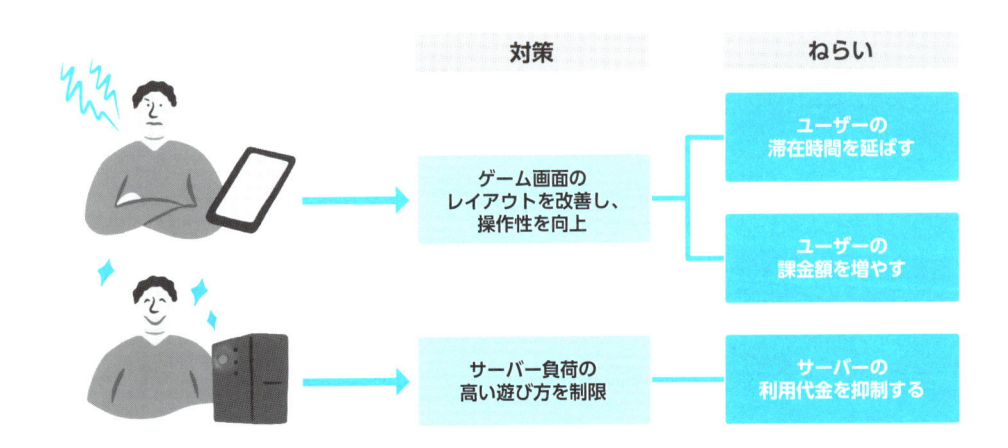

その後 効果をモニタリングする

　画面レイアウトの改善と遊び方の制限を実装後、マーケティングチームは変更の効果を監視しました。

　スマホユーザーからは、新しい画面レイアウトに対する肯定的なフィードバックが多く寄せられ、滞在時間の延長と課金額の増加が見られました。PCユーザーの一部からは、遊び方の制限に対する不満が最初にあったものの、サーバー負荷の軽減によるゲームプレイの安定化が評価されました。

　これらの措置により、「ワンモアストライク」の総ユーザー数は増加し、サーバーの利用代金も予想範囲内に収まりました。スマホとPC、両プラットフォームでのユーザー体験が向上し、ゲーム運営全体の業務効率が改善されました。

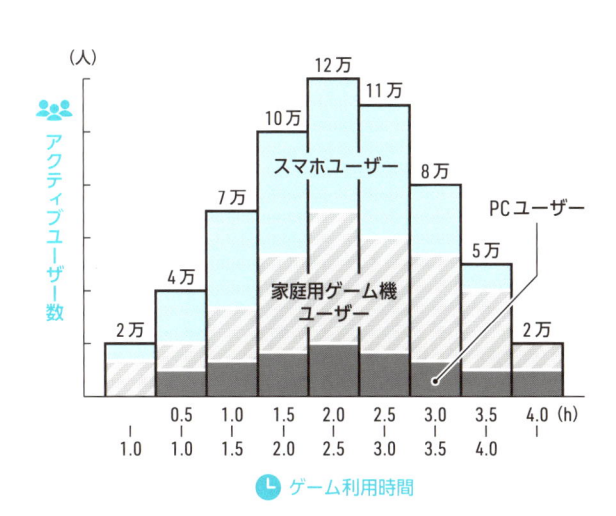

3-2

BATNA/ZOPA

Q できるだけ安く車を買おう

　フタバさんは車の購入を考えており、150万円で販売されている車を140万円の予算内で、できればもっと安く購入したいと考えて、近くのディーラーを訪れました。ディーラーは車をできるだけ高く売りたいですが、年度末の売上目標を達成しなければならないため、最大で130万円まで値引きしてもよいと考えています。

　フタバさんはこの車のデザインをとても気に入っていて、他の車を購入することは考えていません。どのように交渉すれば、フタバさんは予算内でこの車を購入できるでしょうか。

　フタバさんが交渉を通じて、最終的に140万円以下で購入できるまでのやりとりを考えてください。

使用するフレームワークの解説

　BATNA（バトナ）とZOPA（ゾーパ）は交渉の重要な概念です。

　BATNA（最良代替案：Best Alternative to a Negotiated Agreement）は、交渉が決裂した場合の最良の代替案を指します。これを知ることで交渉力を強化し、決裂時のリスクを抑えます。

　一方、ZOPA（交渉可能領域：Zone of Possible Agreement）は、双方の要求が重なる合意可能な範囲を意味し、この領域内で合意に至る可能性があります。

ZOPA を絞り込むステップ

オープンな質問	初期提案	条件設定	合意
交渉可能な範囲を推測するため、大まかな質問をする。	推測に基づき、範囲を狭めた自身のZOPAを相手に伝えて反応を探る。	相手が受け入れ可能と思われる交渉条件や数字を示す。相手のZOPAを精緻化しつつ、条件を修正していく。	相手と条件合意する。

① BATNAを特定する

　まず、最良代替案（BATNA）を特定します。

　フタバさんのBATNAは、他のディーラーから同じ車を140万円以下で購入することです。どうしてもこの車が欲しいので、価格の安い別の車種を選ぶことはありません。ディーラーのBATNAを知るため、フタバさんはいくつか質問をします。「このモデルはどれだけ在庫があるか」「他の車種と比べて売れ行きはどうか」「他に商談中の客はいるか」などの質問を重ねた末、おおよその特定ができました。

　「別の顧客に150万円で車を売る」

　「最悪の場合、車を売れ残らせる」

　これよりも魅力的な提案ができることが交渉のポイントです。

フタバさん　　　　　ディーラー

① 最良案

140万円以下で車を買う

フタバさんに150万円で車を売る

② BATNA

別のディーラーから140万円以下で買う

別の客に150万円で車を売る
売れ残るリスクを負う

2 ZOPA を推測する

　次に、交渉可能領域（ZOPA）を推測します。

　フタバさんは、最大140万円まで支払うことが可能ですが、ディーラーのZOPAを知るため、「購入するならどれくらい値引きできるか」を聞きました。ディーラーが「多少であれば」と濁したため、フタバさん自身の限界額より1割ほど低い「125万円で購入を考えたい」と伝えます。

　この提案にディーラーはどう反応するでしょうか。

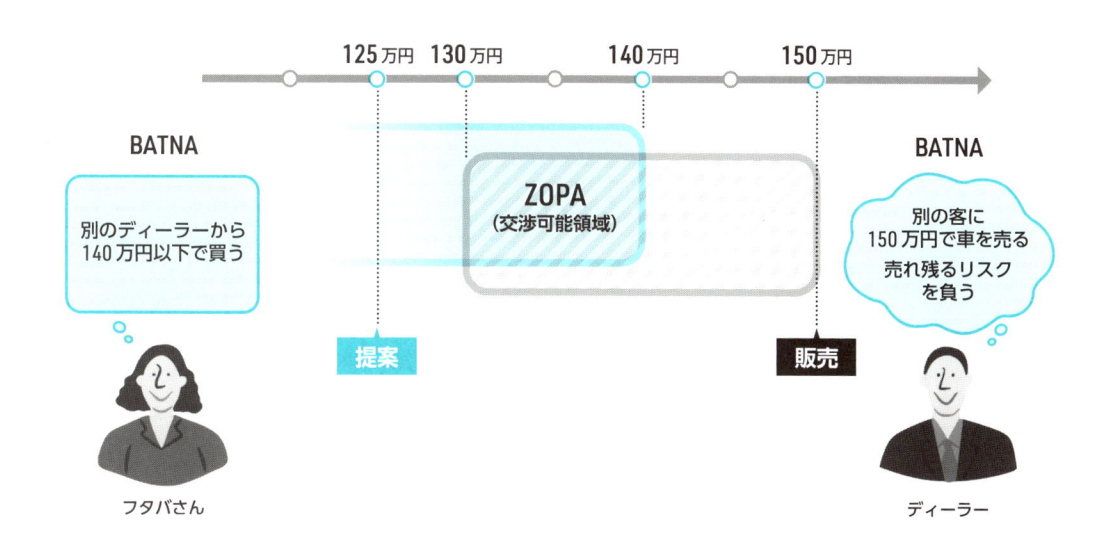

③ 交渉する

Answer

フタバさんの提案（125万円での購入）はディーラーのZOPAではありませんから、当然断られます。しかし、ディーラーの断り方が残念そうだったことから、ZOPAは近いと推測し、130万円で再提案をしました。

ディーラーとしてはZOPAにありますが、フタバさんの再提案を見て、もう少し予算はありそうだと推測し、140万円で逆提案します。

こうしたやりとりを通じ、徐々に提案金額が近づいていきました。

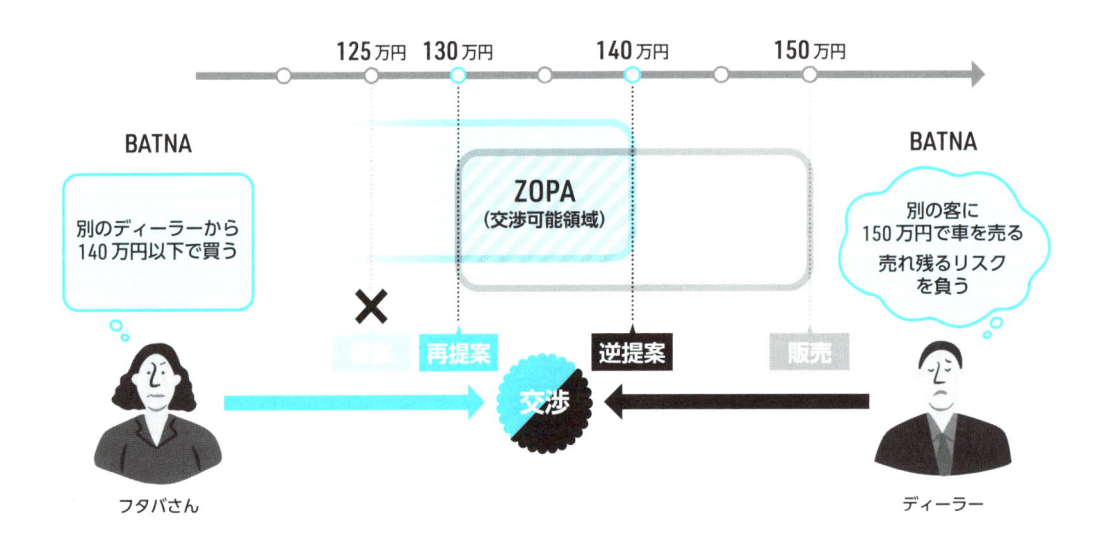

その後 合意する

フタバさんとディーラーは、最終的に「135万円で車を購入」することに合意しました。

フタバさんとしては、もう少し安く交渉することもできたかもしれませんが、事前の情報収集で、この車のタイプは135万円でも十分に値引きがされているほうであることを把握していたのと、ディーラーが保証の延長を無料で提案してきたこともあり、条件を妥協しました。

一方、ディーラー側の立場としては、「①保証の延長が担当者の裁量で問題なく提案できるもの」というのに加え、「②何度もやりとりした結果の値引き」であることから、135万円で合意しました。フタバさんがもし②の条件に気づけていたら、もっとこまめに値引き交渉をして、もう少し安い金額で合意できていたでしょう。

交渉において、双方のBATNAを理解し、ZOPA内で柔軟に交渉を進めることが、双方にとって有益な合意に至る鍵となることをフタバさんは実感しました。

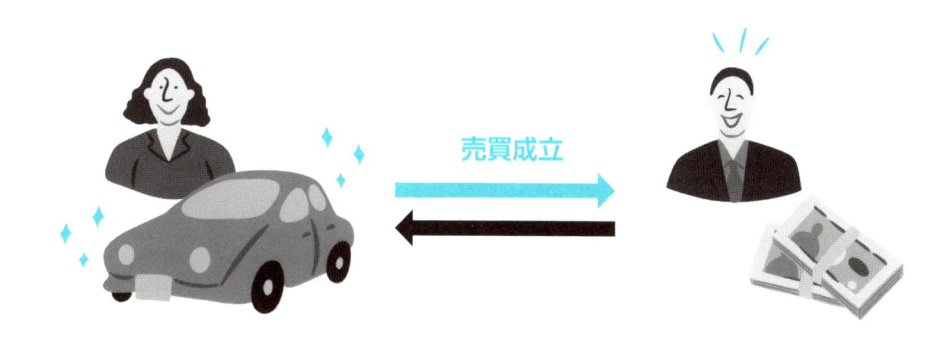

売買成立

Pros & Cons

3-3

Q メガネかコンタクトか選ぼう

ミズノさんは長らくタクシー運転手を務めています。最近、視力の低下に気づき、年に一度の健康診断で視力検査を受けました。すると、自動車を運転し続けるために視力補正が必要なことを医師から指摘されたのです。

まだまだ仕事を続けたいミズノさんは、アイウェアとして、メガネまたはコンタクトレンズのどちらかで視力を補正する必要がありますが、どちらも不便さがつきまといます。

メガネはコストパフォーマンスがよく、日常生活での使用において非常に便利である一方で、スポーツやアクティブな活動をする際には不便を感じるかもしれません。

一方、コンタクトレンズは外見に影響を与えず、アクティブなライフスタイルに適していますが、日常のメンテナンスが必要で、目の健康に悪影響を及ぼす可能性もあります。

どのようにして選べばよいでしょうか？

使用するフレームワークの解説

　Pros & Cons（プロコン）とは、さまざまな選択肢の長所と短所を明確にし、総合的な評価を下すものです。

　選択肢の長所（Pros）と短所（Cons）を評価する前に、何を基準に評価するかを明確にします。よく使われる観点は、QCD（Quality：品質 /Cost：コスト /Delivery：納期）ですが、このうち「D」は時間的な観点以外にどのように提供できるかという点も含めると整理しやすく

なります。観点が明確であるほど、バランスの取れた判断につながります。

　長所と短所を列挙する際は、できるだけ客観的なデータや情報に基づいて行います。研究結果や統計データ、エキスパートの意見なども取り入れるとよいでしょう。各観点の重要度を評価し、より重要なものには高い重み付けを行うことで、総合的な評価がより正確になります。

比重	観点	ゆで卵		卵焼き	
x1	Quality 味	⊕ 食べやすい ⊖ 味が単調	0点	⊕ 味付け豊富 ⊖ 調理技術が必要	0点
x2	Cost 費用	⊕ 素材と塩のみ	2点	⊕ 素材と若干の調味料 ⊖ 砂糖や出汁を使う	0点
x1	Delivery 提供	⊕ 一度に多く調理 OK ⊖ やや時間がかかる	0点	⊕ 短時間で作れる ⊖ 大量調理は大変	0点
	評価	（+4 −2）2点		（+4 −4）0点	

① 評価観点を列挙する

　ミズノさんは、最初にアイウェア（メガネとコンタクトレンズ）を比較するため、QCDの観点で洗い出すことにしました。各観点は、ミズノさんが日常生活で直面するさまざまな状況、個人的な優先順位、生活スタイルを考慮しています。

　アイウェアを身につけるのが初めてのミズノさん。最低限前が見えていればよいですし、仕事中ですから見た目は気にしません。しかし、着けやすさはどうしても外せません。お金もかからないほうがいいですし、仕事で邪魔にならない程度の動きやすさは確保したいと思っています。

　こうしてミズノさんは、アイウェアを3つの観点で評価し、選ぶことにしました。

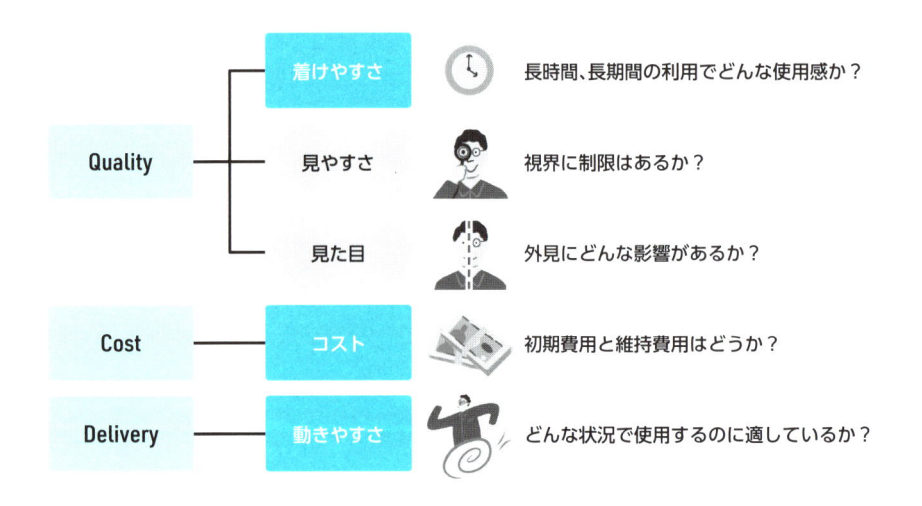

② 分析する

　選択した3つの観点について、メガネとコンタクトレンズの利点（Pros）と欠点（Cons）をざっくり定性的に分析します。この分析を通じて、ミズノさんに適した選択肢を大まかに判断します。

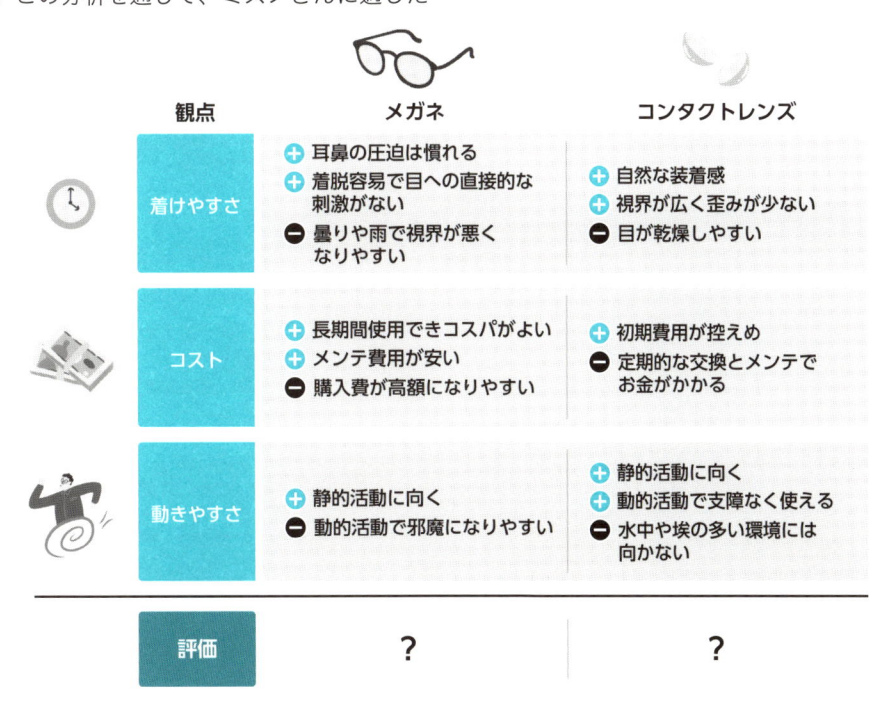

観点	メガネ	コンタクトレンズ
着けやすさ	➕ 耳鼻の圧迫は慣れる ➕ 着脱容易で目への直接的な刺激がない ➖ 曇りや雨で視界が悪くなりやすい	➕ 自然な装着感 ➕ 視界が広く歪みが少ない ➖ 目が乾燥しやすい
コスト	➕ 長期間使用できコスパがよい ➕ メンテ費用が安い ➖ 購入費が高額になりやすい	➕ 初期費用が控えめ ➖ 定期的な交換とメンテでお金がかかる
動きやすさ	➕ 静的活動に向く ➖ 動的活動で邪魔になりやすい	➕ 静的活動に向く ➕ 動的活動で支障なく使える ➖ 水中や埃の多い環境には向かない
評価	?	?

Answer

③ 定量的に評価する

　それぞれの観点に重要度（比重）を割り当て、メガネとコンタクトレンズのそれぞれについて評価点をつけます。

　ミズノさんにとって、これから数年は少しでも支出を減らしたいと思っているところでした。そこで「コスト」の評価を2倍にして考えます。

比重	観点	メガネ		コンタクトレンズ	
x1	着けやすさ	➕ 耳鼻の圧迫は慣れる ➕ 着脱容易で目への直接的な刺激がない ➖ 曇りや雨で視界が悪くなりやすい	1点	➕ 自然な装着感 ➕ 視界が広く歪みが少ない ➖ 目が乾燥しやすい	1点
x2	コスト	➕ 長期間使用できコスパがよい ➕ メンテ費用が安い ➖ 購入費が高額になりやすい	2点	➕ 初期費用が控えめ ➖ 定期的な交換とメンテでお金がかかる	0点
x1	動きやすさ	➕ 静的活動に向く ➖ 動的活動で邪魔になりやすい	0点	➕ 静的活動に向く ➕ 動的活動で支障なく使える ➖ 水中や埃の多い環境には向かない	1点
評価		❶ (+7 −4) 3点		❷ (+6 −4) 2点	

各観点のProsを1点、Consを-1点としてカウントし、それに比重をかけてみると、メガネが「3点」、コンタクトレンズが「2点」でした。ミズノさんのニーズに照らすと、コンタクトレンズよりメガネのほうがライフスタイルに合っているということです。

ミズノさんはメガネ店へ行き、自分に合うメガネがどれか、店員さんに相談してみました。

しかし、いろいろ試してみて残念なことがわかりました。ミズノさんは鼻と耳の位置が平均よりも高い位置にあり、標準的なメガネのフレームでは顔にフィットしなかったのです。このため、「耳鼻の圧迫は慣れる」というProsはなくなりました。（メガネ：-1点）

また、このやりとりを受けて、ミズノさんは「着けやすさ」もコストと同じくらい重要だと思い直し、着けやすさの比重を2倍に変更することにしました。（コンタクトレンズ：+1点）

その結果、メガネは「2点」、コンタクトレンズは「3点」となり、ミズノさんはコンタクトレンズをつけることに決めたのです。

Pros & Consの比重と評価は、一度決めておしまいではありません。最新の状況に合わせて常にアップデートすることの重要さをミズノさんは身をもって理解しました。

クリティカルシンキング

3

Chapter 3：クリティカルシンキング

Fit & GAP

 **Q** 次の新居を決めよう

　ヨルさんは、知り合いのクスオさんの紹介を受けて、福岡の賃貸物件に住んでいます。

　ヨルさんは画家としての道を歩み始めたばかりの若き芸術家で、現在の物件に住んでもうすぐ1年が経ちます。ヨルさんは賃貸物件の身軽さに心地よさは感じつつも、やはり家を購入して、芸術活動と愛犬との生活を最大限楽しめる環境に移りたいと考えるようになりました。

　ヨルさんが見つけたのは2つの物件です。片方は築浅で、もう片方は築30年以上経っています。

　新しい物件は、愛犬が快適に過ごせる設備が備わっており、庭に面した南向きの部屋をアトリエに使うこともできそうです。ただし、購入額が予算ギリギリです。

　古い物件は、犬と室内で暮らす前提になっておらず、アトリエに使えそうな部屋は東向きで午前中しか日の光が差しません。購入しても予算にはかなり余裕があります。

　ヨルさんが自身の要望に添った物件を選ぶためには、どのようなアプローチが必要でしょうか？

使用するフレームワークの解説

　Fit & Gap（フィット＆ギャップ）とは、「こうありたい」（ToBe：トゥービー）という達成すべき要件／将来像に対して、与えられた選択肢／現状（AsIs：アズイズ）との間にどれくらいの違いがあるかを明確にする分析方法です。

　Pros & Consは要件に対する各選択肢の充足性をチェックすることが目的でした。Fit & Gap分析は、要件に対する選択肢ごとの充足度を測定し、最も高得点であるものを選ぶ手法です。一度評価した結果に対して、改善可能であるかを検討し、その結果を再評価できます。そこで最も充足度が高かったものを選択することで、よりよい結果を得られます。

　なお、「この条件を満たさなければNG」というKO（ノックアウト）ファクターを定義して評価すると、よりシンプルに優劣を判断できます

朝食の要件	ゆで卵		卵焼き		採用 卵焼き（改善後）	
よい栄養バランス	高タンパク、低カロリー	80	高タンパク、低カロリーかつ追加具材でさらに栄養価UP	90		90
短い準備時間	ゆでる時間を多少要するのみ	90	割って混ぜて焼くステップが手間	50	卵液を前日に準備	90
豊富な味付け	ゆで卵の味は単調のため他の具材組み合わせる必要あり	70	具材や調味料の組み合わせで豊富に味変可能	90		90
評価	(80+90+70)÷3	80%	(90+50+90)÷3	77%	(90+90+90)÷3	90%

1　要件を絞り込む

　犬と一緒に暮らす新しい家を選ぶにあたって、ヨルさんにはいくつかの選定基準がありました。それは次の通りです。

❶ 愛犬との快適な生活	愛犬との共生に適した空間が必須
❷ アトリエ用の明るい部屋	芸術活動に必要な光を確保
❸ 予算内での購入	購入後の生活の安定も要考慮
❹ アクセスのよさ	日常生活の利便性も重要
❺ 静かな環境	集中作業できる静かさが必要

　この中から、ヨルさんにとって要件を絞り込みます。
　❶と❷はヨルさんの生活を支える必須条件です。この部分で条件を大きく下回るものは選択するわけにはいきません。❸も銀行ローンの上限で予算を考えているため、その予算範囲内で物件を選ぶ必要があります。
　一方で、❹と❺はヨルさんにとって「あったらいいな」と思う程度のことでした。そのため、要件から外すことにします。

新居の要件

❶ 愛犬との快適な生活
❷ アトリエ用の明るい部屋
❸ 予算内での購入

❹ アクセスのよさ

❺ 静かな環境

② 定量的に評価する

　次にヨルさんは、候補に挙がっている2つの物件（築浅のＡと築30年以上のＢ）が要件に対してどの程度充足しているかを評価しました。

　評価の結果、「愛犬との快適な生活」と「アトリエ用の明るい部屋」で、築浅の物件Ａが大きく優れていまし

た。「予算内での購入」はギリギリのため、想定外の出費に対応することは難しいですが、なんとか要件の範囲に収まっています。ヨルさんには物件Ａが魅力的に映っています。

新居の要件	物件A		物件B	
愛犬との快適な生活	愛犬が快適に過ごせる設備が整っている	90	設備が不十分でそのままでは不便	40
アトリエ用の明るい部屋	庭に面した南向きの部屋が利用可能	90	東向きで、午前中しか日の光が差さない	50
予算内での購入	予算ギリギリで購入可能	60	購入後も予算に余裕がある	100
評価	(90+90+60)÷3	80%	(40+50+100)÷3	63%

③ 改善結果も含めて選択する

Answer

ヨルさんは、不動産業者に評価の結果を伝えました。すると、不動産業者から以下の提案を受けます。

「余った予算を使って、古い物件をリノベーションした場合、愛犬との快適な生活を過ごせるように改修することが可能です。」

そこで、物件Bをリノベーションしたらどうなるか、改めて不動産業者に提案してもらうことにしました。

1週間後、不動産業者がヨルさんに提案したリノベーション案は大変魅力的なものでした。

まず「愛犬との快適な生活」については、物件Aと同等の水準に達するよう改修できるそうです。

「アトリエ用の明るい部屋」という要件も、太陽光と同じような照明を設置することで、むしろ明るい環境を常に実現することができるようになります。

「予算内での購入」については、余った予算を使い切る形でのリノベーションとなるため、物件Aと同程度の金額になりました。

要件への充足度を改めて評価した結果、リノベーション後の物件Bが最も優れていることがわかりました。こうしてヨルさんは新居を決定することができたのです。

その後 要件を見直す

ヨルさんは新居に満足していましたが、評価の過程で1つ見落としていたことがあったことをあとになって気づきました。実は、物件Aの隣の家には犬嫌いの住人が住んでおり、もし物件Aを選んでいたら、ご近所トラブルで早々に転居していた可能性が高かったのです。

新居の要件に「隣人に犬嫌いがいないこと」を加え、これに該当する場合は即候補から外すべきでした。もし次に引っ越すことがあれば、ヨルさんはノックアウトファクターとして、この条件を加えることでしょう。

新居の要件	物件 A		物件 B		物件 B（リノベ）	
愛犬との快適な生活	愛犬が快適に過ごせる設備が整っている	90	設備が不十分でそのままでは不便	40	必要設備が整っている	90
アトリエ用の明るい部屋	庭に面した南向きの部屋が利用可能	90	東向きで、午前中しか日の光が差さない	50	照明追加で常時明るい	100
予算内での購入	予算ギリギリで購入可能	60	購入後も予算に余裕がある	100	予算ギリギリの範囲	60
評価	(90+90+60)÷3	80%	(40+50+100)÷3	63%	(90+100+60)÷3	83%

ジレンマ

3-5

Q 退職する社員を引き留めよう

　ゴトウさんはキャンター社で人事部門に勤めています。同社はコロナ禍の3年間をフルリモートワークで業務できる環境を整え、社員は全員在宅勤務です。

　「在宅勤務は正当な権利であり、特別な用事がない限り、オフィスへの出社はしたくない」と多くの社員が考えています。しかし、経営層は長期契約しているオフィスの使用率が低いことを問題視しており、設備の有効活用のために、社員には再びオフィスで仕事をしてもらいたいと考えています。

　先月、経営層が強制的に社員への100％出社を要求したため、社員の一部は退職する選択肢を上司に相談し始めています。ゴトウさんはその動きを知り、なんとか穏便に事を収めたいと考えています。

　ゴトウさんは、どのように対処すべきでしょうか？

使用するフレームワークの解説

　ジレンマ、あるいは両刀論法とも呼ばれるこのアプローチは、理想的な解決策が存在しない複雑な状況に対処するための戦略的な枠組みを提供します。

　私たちが直面する多くの決断の場面で、意見の対立は避けがたいものです。特に、ビジネスや個人の重要な選択肢を決定する際に、対立する選択肢はそれぞれ一長一短の結果をもたらすものであることを認識し、よりよい折衷案を立案する必要があります。

　ジレンマに直面したときは以下のステップに従います。

　ジレンマを管理することで、よりよい解決策を見つけ出し、困難な状況を乗り越えることが可能になります。

ジレンマを解決するステップ

状況の認識	選択肢の再考	解決策の模索	実行と評価
両方の選択肢が持つメリットとデメリットを明確に認識し、受け入れます。	現状の選択肢にとらわれず、第三の道、つまり全く新しい選択肢を模索します。	新しい選択肢や折衷案を考え出し、それらがもたらす結果を評価します。	選択した折衷案を実行し、その結果を慎重に評価します。

① 状況を認識する

　社員の考える「フルリモートワーク」案は、ワークライフバランス（WLB）が改善して生活の質が向上し、企業側にとっても、オフィス運営コストの削減という利点があります。

　しかし、コミュニケーション障壁が高まり、孤立感やチームの一体感欠如が懸念され、在宅勤務環境の違いによる生産性の個人差も問題です。

　経営層の考える「100%出社勤務」案は、速やかな意思疎通と問題解決、企業文化の維持や社員の帰属意識の強化が期待できます。

　一方、通勤負荷の増加が従業員のWLBを悪化させ、オフィスの光熱費や変動費の増加は企業にとって課題となります。

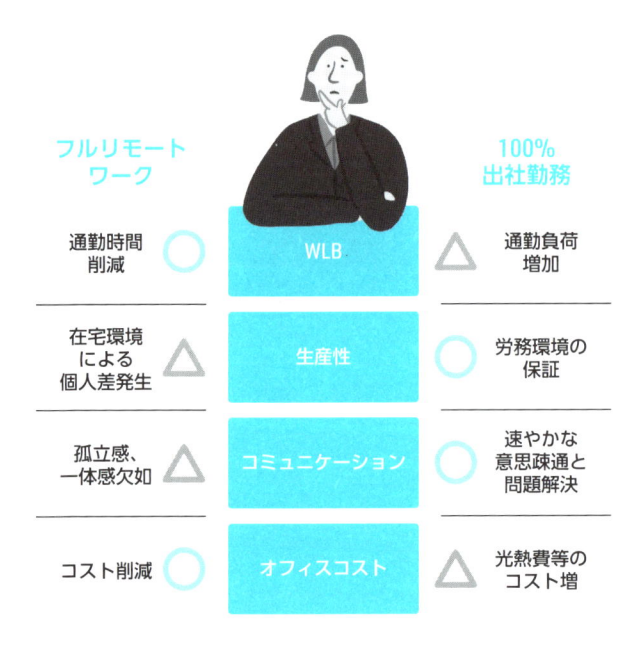

② 選択肢を再考する

　両案は相反するものですが、どちらも自分たちが最も利益を得るための考え方に固執していることにゴトウさんは気づきました。両者それぞれの利益視点から一旦離れて、本質的にどのような状態が全体最適になるかを考えてみたらどうなるでしょう。

　各観点でゴトウさんはあるべき姿を考えてみました。社員の生産性とWLBは経営層にとっても重要です。健康と安全に配慮した労務環境を実現する必要があります。社員にとっても、コミュニケーションの改善は仕事のやりやすさに役立ちます。その上で、オフィスの運営コストを下げられるならよいはずです。

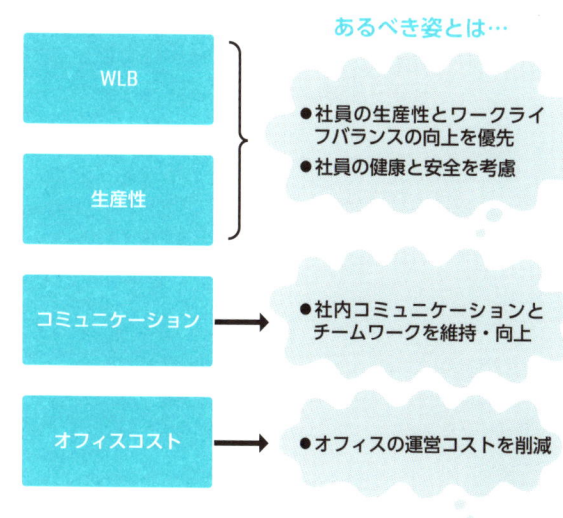

あるべき姿とは…

WLB
生産性
・社員の生産性とワークライフバランスの向上を優先
・社員の健康と安全を考慮

コミュニケーション → ・社内コミュニケーションとチームワークを維持・向上

オフィスコスト → ・オフィスの運営コストを削減

Answer

③ 解決策を模索する

　ゴトウさんが考えたのはハイブリッドワーク案です。

　社員の視点で重視する「WLB」を最低限維持するための出社割合を設定し、それも社員の個別事情に応じて柔軟に対応します。出社勤務の割合が多い社員は人事考課における加点要素にします。

　経営層が気にする「生産性」と「コミュニケーション」はIT環境や業務ルールを用いて損なわれないようにします。

　「オフィスコスト」は、そもそも今までの固定費を削減するチャンスと捉え、経営層には設備計画を見直してもらい、リモートワーク下での最適な設備サイズに縮小してもらいます。

ハイブリッドワーク　経営層の観点／社員の観点

WLB	**週の何日かはオフィスでの勤務**を実施し、残りの日はリモートワークを基本とする。出社勤務は加点要素として査定に加える。
生産性	共同作業や会議、クリエイティブなブレインストーミングのためのスペースに**オフィススペースを限定**し、個人作業はリモートで行う。
コミュニケーション	常時オンライン会議室に参加し、**いつでも質問ができる**ようにする。必要に応じてブレイクアウトルームを活用する。
オフィスコスト	使用頻度が低下したオフィスは、**サブリースしたり、他企業と共有する**ことで、運営コストを削減する。

　ハイブリッドワーク案は、社員と経営層から一定の不満が出ましたが、それも納得してもらえる範囲内のものでした。ゴトウさんは経営層からのしぶしぶの了承を得つつ、就業規程の変更と設備計画の見直しについて着手しました。

　それから1年後、ハイブリッドワークスタイルは当たり前のものとしてキャンター社で受け入れられています。社員の退職が最小限に収まったことと、ハイブリッドワークに興味を持って新たに入社した社員の増加により、オフィスサイズの縮小は想定よりも少ないもので済みました。在宅勤務の割合が多い社員への不公平感は生まれましたが、オフィスにスイーツバイキングを追加することでバランスが取れました。

　相反する案であっても、本質的に目指す点を明確にして、それに対する歩み寄りを双方に求めるジレンマのアプローチは、意見の異なる利害関係者を交えた問題解決に有効であるとゴトウさんは実感しました。

3-6

PAC思考

Q 優れた人材を獲得しよう

　コンサルティング企業「ロックンロジック社」は、長年にわたり、新卒採用では、名門大学出身者や学歴上位の候補者のみを対象とするという厳格な方針を維持してきました。

　このアプローチは、たしかに高い専門性と理論的な知識を有する人材を確保する上で効果的でした。

　しかし、最近のビジネス環境は急速に変化しており、革新的なアイデアや多様な視点を持つ人材の必要性が高まっています。ロックンロジック社の現行の人材採用戦略では、創造性と多様性に富んだ人材を見過ごしてしまうリスクが増えているという課題が浮き彫りになっています。

　この状況を打開するために、ロックンロジック社は人材採用戦略を見直すことにしました。どのように取り組むべきでしょうか？

使用するフレームワークの解説

　PAC思考とは、Premise（前提）、Assumption（仮定）、Conclusion（結論）の3つの要素を用いた思考プロセスです。ロジックの「結論」に対して、事実にあたる「前提」と推測にあたる「仮定」の妥当性を確認するためのフレームワークです。

　PAC思考は、複雑な問題解決や意思決定のプロセスにおいて、ロジックの構造を検証し、個々の要素を明確にして、より洞察力のある結論に到達することができます。

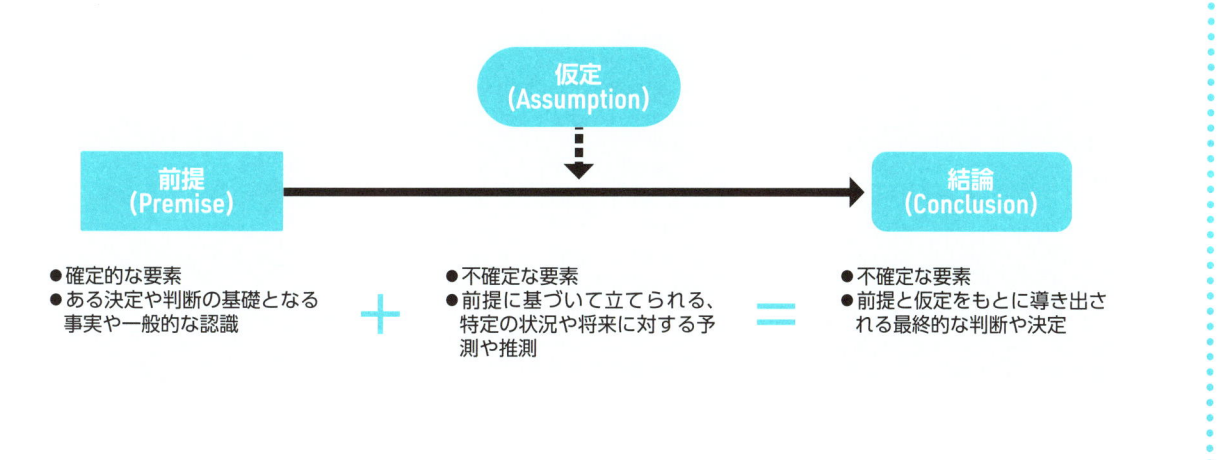

Answer

① 現在の前提と仮定を整理する

　ロックンロジック社の採用戦略は、「高い専門性と理論的な知識を有する人材」を獲得するためのものでした。そうした人材は高度な教育課程を経ていることが多いと仮定し、その条件に当てはまる名門大学や高学歴の学生をターゲットにしていたのです。

　しかし、これからは「創造性と多様性に富んだ人材」にターゲットをシフトしていきたいと考えています。この人材像に当てはまる学生を考えていきましょう。

採用対象：高い専門性と理論的な知識を有する人材

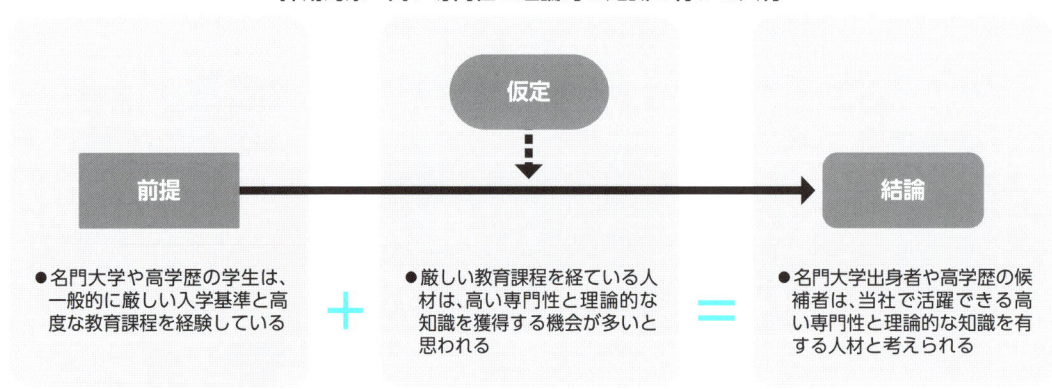

前提	仮定	結論
●名門大学や高学歴の学生は、一般的に厳しい入学基準と高度な教育課程を経験している	●厳しい教育課程を経ている人材は、高い専門性と理論的な知識を獲得する機会が多いと思われる	●名門大学出身者や高学歴の候補者は、当社で活躍できる高い専門性と理論的な知識を有する人材と考えられる

　新しくターゲットとした「創造性と多様性に富んだ人材」とは、どんな特徴を持つでしょうか。

　これについて、ロックンロジック社の中で該当する人材を集めて傾向分析したところ、5つの特徴があることを発見しました。こうした特徴を持つ学生を獲得できれば、ターゲットとする人材を獲得できる可能性が高いと思われます。

　こうした特徴を持つのはどんな学生であるか、さらに掘り下げて分析を重ねた結果、「留学経験者」「多方面に活躍する学生」「新規性のある取り組みに関わる学生」「バックグラウンドがユニークな学生」であるとの予測に至りました。

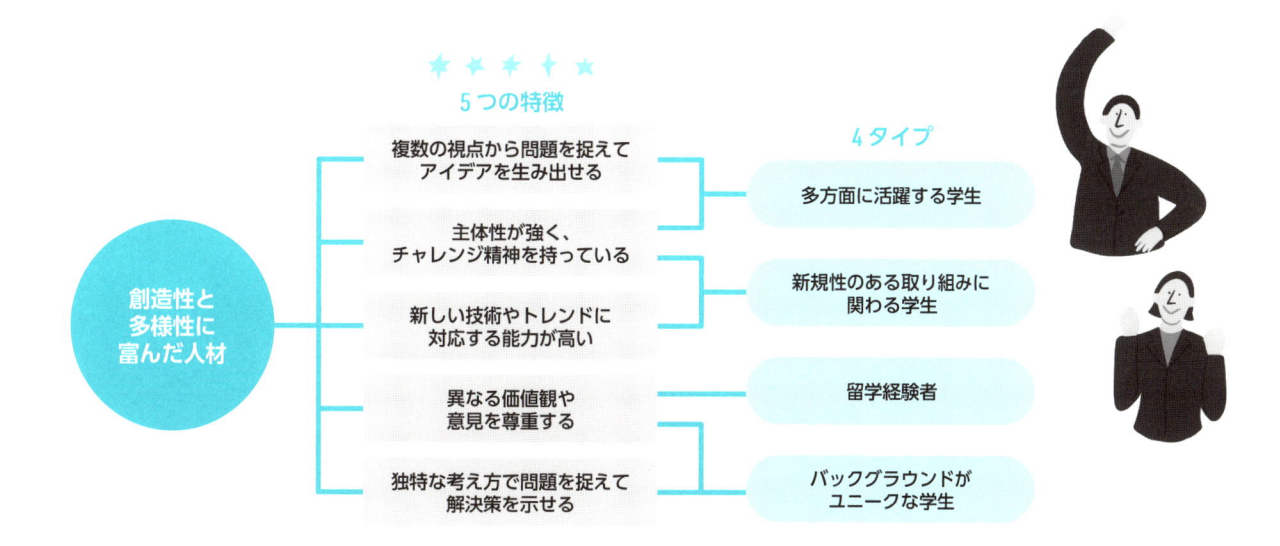

★★★★★
5つの特徴

複数の視点から問題を捉えて
アイデアを生み出せる

主体性が強く、
チャレンジ精神を持っている

新しい技術やトレンドに
対応する能力が高い

異なる価値観や
意見を尊重する

独特な考え方で問題を捉えて
解決策を示せる

創造性と
多様性に
富んだ人材

4タイプ

多方面に活躍する学生

新規性のある取り組みに
関わる学生

留学経験者

バックグラウンドが
ユニークな学生

③ 仮定と結論の妥当性を高める

　前述した「4タイプ」に当てはまる学生は「5つの特徴」に該当する可能性が高いことから、創造性と多様性に富んでいると思われる。このロジックをPAC思考で整理すると、たしかに整合性が取れているように思えます。

　しかし、もう一歩踏み込んで考えてみましょう。創造性と多様性に富んでいる人材は、自分が強く興味を持てる分野で活躍する傾向があります。ということは、むや

みにリーチするのではなく、ロックンロジック社の事業内容に興味を示す学生たちを集めて、そこから選考を進めるほうが効果的でしょう。そこで、「インターンシップに参加して積極性を示した学生」であれば、当社で活躍しやすいという仮定を追加します。

採用対象：創造性と多様性に富んだ人材

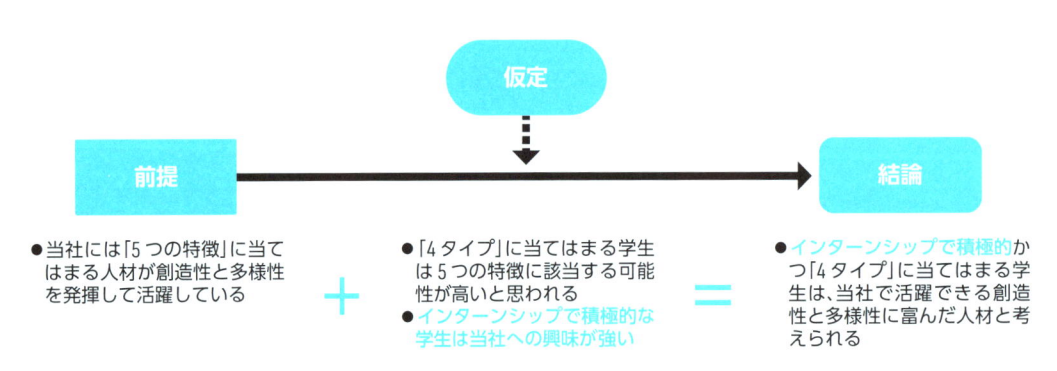

前提
- 当社には「5つの特徴」に当てはまる人材が創造性と多様性を発揮して活躍している

仮定

+

- 「4タイプ」に当てはまる学生は5つの特徴に該当する可能性が高いと思われる
- インターンシップで積極的な学生は当社への興味が強い

=

結論
- インターンシップで積極的かつ「4タイプ」に当てはまる学生は、当社で活躍できる創造性と多様性に富んだ人材と考えられる

その後 ロジックを検証する

　ロックンロジック社は、その年の採用活動からさっそく新しい方針を取り入れました。積極的にインターンシッププログラムを展開し、ターゲットの特徴を持つ学生にリーチしました。SNSや学生向けのイベント、大学との連携を強化することで、興味を持つ学生たちを惹きつけました。

　採用活動を通じて獲得した学生たちのパフォーマンスと、彼らが会社にもたらした創造性や多様性の影響を評価しました。この評価は、新入社員のパフォーマンスレビュー、プロジェクトの成果、チーム内のコミュニケーションの質、そして最終的なビジネス成果といった複数の指標を用いて行われました。

　検証の結果、インターンシップ参加者から採用した学生が、創造的なアイデアや多様な視点をもたらし、チームのパフォーマンス向上に貢献したことが明らかになりました。新たな特徴も把握することができたため、採用対象の「仮定」に新たな条件を加えて、さらに採用精度を高めることができそうです。

オッカムの剃刀

 **Q** ユーザーの混乱を解消しよう

　ナナオさんは、セブンテレコムという携帯電話会社の経営企画に携わっています。同社は市場の多様なニーズに応えるために料金プランを大幅に増やし、カスタマイズ可能なオプションをいくつも導入しました。

　しかし、何十もの料金プランとオプションが導入され、選択肢は乱立しました。ユーザーは膨大な選択肢に圧倒され、自身にとって最適なプランを見つけることが困難になりました。ユーザーサービスは複雑なプランの説明に時間を取られ、それ以外のユーザー問い合わせへの対応に遅れが出始めています。

　ナナオさんはこの問題に対する解決策を考えなければなりません。どのようなアプローチを取るべきでしょうか？

使用するフレームワークの解説

オッカムの剃刀とは、解決策の選択において、不必要な複雑さを排除することを推奨する原則です。これは「より少ない仮定をするほうがよい」という考えに基づいています。

ビジネスにおいて、この原則は製品設計、サービス提供、戦略立案など幅広い分野で応用されます。複雑な解決策よりもシンプルなもののほうが理解しやすく、実装しやすいため、顧客満足度を高めて、効率的に運用することが可能になります。

オッカムの剃刀は、対象をシンプルに捉え直し、議論の複雑性を下げて、議論をしやすくするのに重要な役割を果たします。

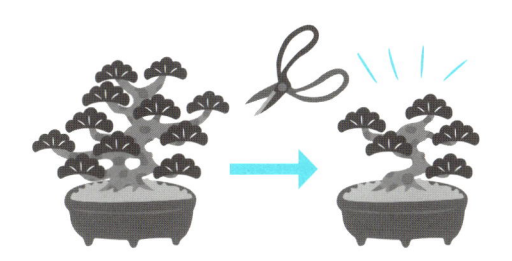

シンプル化のステップ

現状分析	問題点の特定	シンプル化	実装＆評価
対象にどのような要素や属性が含まれているかを整理します。	対象を複雑にしている部分を特定します。	対象から重要度や影響度の低い要素を削ぎ落とし、シンプルにします。	シンプル化した状態でうまく機能するか評価します。

Answer

1 現状を分析する

　ナナオさんがセブンテレコムの料金プランを確認したところ、料金プランとオプションの関係がとても複雑になっていることがわかりました。

- 基本料金プラン　：10種類
- オプション
  （データ使用量）：15種類
  （国際通話）　：　5種類
  （その他特典）：10種類

　オプションまで含めた組み合わせは、7,500通りもあります。ユーザーからのフィードバックでは、選択肢の多さによる混乱と、自分に合ったプランを見つけることの困難さを指摘する声が相当数ありました。一般消費者に対してネット上で広くアンケートを募った結果も同様で、料金体系がわかりにくいという声が不満の大半を占めていました。

② 問題点を特定する

　ユーザーや一般消費者が困惑しているのは、料金プラン間の微妙な違いと、各オプションの組み合わせによって生じる複雑性です。

　たとえば、基本プランについて、もともとセブンテレコムはたった1つのシンプルプランのみを提供していました。しかし、現在10種類に分かれているのは、主要な3つの携帯電話会社（キャリア）からの乗り換え用に、ヘビーユーザー／通常ユーザー／ライトユーザーの3タイプ用のプラン（3×3＝9個）を用意したからです。オプションについても、当初セブンテレコムが提供していたものに各社の個別サービスを対応させるものを追加したため、現在の膨大な組み合わせになってしまいました。

　ユーザーサービスの対応時間が長くなっている主要因は、こうした複雑なプランの詳細説明に過剰な時間を費やしていたためでした。

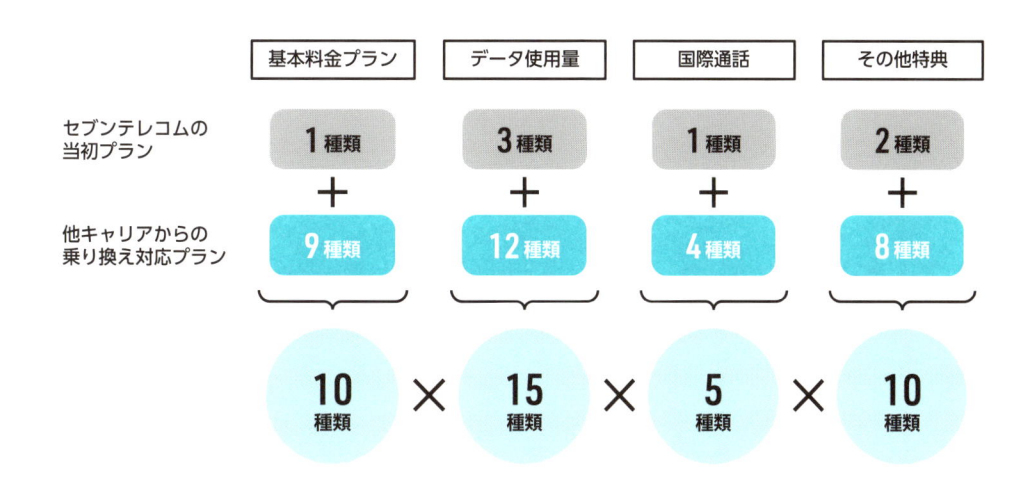

③ シンプル化する

Answer

ユーザーへの満足度を高めるために細かいプランを用意したのに、実はそれがユーザーの満足度を下げていました。ユーザーが容易に理解できる料金体系に変更する必要があります。ナナオさんはサービスデザインチームとマーケティングチームを集めて議論し、不必要なオプションの削減と料金プランの統合を行うことにしました。

議論の結果、基本料金プランを3種類（低使用量、中使用量、高使用量）に絞り込み、どの乗り換えユーザーにも適用することにします。追加オプションも需要も利益性も高いものに限定しています。

これでプランの組み合わせを27通りにまで大幅削減できました。

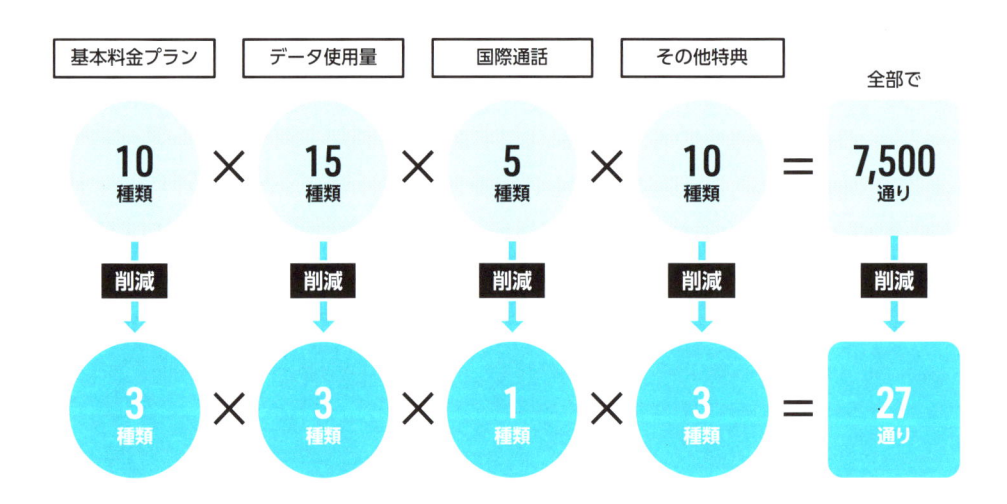

　シンプル化された料金プランを市場に導入後、ナナオさんは、顧客満足度のアンケート、新規顧客獲得数、顧客流出率、ユーザーサービスの対応時間などの指標を用いて効果を評価しました。

　プラン発表から1ヵ月後、市場の評価は上々です。他キャリアからの細かい移行プランがなくなったことに不満を述べるユーザーはいましたが、それはキャリアを使い倒すヘビーユーザーの一部であり、むしろ多くのライトユーザーがわかりやすさに好感を持って利用を増やしています。

　ナナオさんは、きめ細かいプランも行きすぎれば相手の不満になってしまうことを実感しました。相手の期待に応えつつ、可能な限りシンプルなものを提供することが、企業側にもユーザー側にもよりよい結果をもたらすことを学びました。

認知バイアス / 行動科学

先入観を払拭しよう

　化粧品ベンチャー企業のハッチコスメは、高品質ながらも手頃な価格の美容グッズを市場に提供し、多くの顧客に利用してもらうことを目指していました。

　ハッチコスメは、より多くの顧客がアクセスできるように、製品の価格を極端に低く設定しました。また、化粧水や乳液などの各製品はそれぞれ1種類でシンプルなラインナップとしていました。

　しかし、ハッチコスメ製品の売れ行きはよくありません。どうやら口コミサイトに書かれたたった1つのレビューのせいで、消費者の間にネガティブなイメージが広がっているようです。

　ハッチコスメはどのように販売戦略を転換すべきでしょうか？

使用するフレームワークの解説

認知バイアスとは、解釈や判断を歪める偏見（バイアス）、心理的傾向、先入観にあたるものです。情報を解釈・判断する際、認知の誤りによる影響を受けて、最適ではない意思決定をしてしまうことがあります。

行動科学は、人間の行動、思考、感情を科学的に研究する分野であり、社会心理学や行動経済学を含む幅広い学問領域をカバーしています。人間の意志や行動に対して、心理的・社会的に影響する傾向を扱います。

認知バイアスと行動科学の両方の側面を持つ効果もあります。

人々が陥りやすい判断や行動の傾向を知ることで、望む効果を最大化、望まない効果を最小化するような働きかけがしやすくなります。

認知バイアス
解釈や判断を歪める
偏見、心理的傾向、
先入観

- ●ウィンザー効果
- ●シャウト効果
- ●ゲインロス効果
- ●マム効果
- ●ディドロ効果
- ●コンコルド効果
- ●類似性の法則
- ●フレーミング効果
- ●文脈効果
- ●ブーバ/キキ効果
- ●オノマトペ効果
- ●偽の合意効果
- ●スリーパー効果
- ●アンカリング効果
- ●ハロー効果　他

- ●カリギュラ効果
- ●ブーメラン効果
- ●黒い羊効果
- ●エスカレーター効果

行動科学
人間の意志や行動に
対する心理的・社会的に
影響する傾向

- ●ヴェブレン効果
- ●ホーソン効果
- ●実験者効果
- ●ミラーリング効果
- ●吊り橋効果
- ●スティンザー効果
- ●ゴーレム効果
- ●ピグマリオン効果
- ●ブックエンド効果
- ●プラセボ効果
- ●リンゲルマン効果
- ●傍観者効果
- ●ハーディング効果
- ●ゴルディロックス効果　他

① 適切な認識に改める

　製品の価格が高いと品質も高いはずだという思い込みが人にはあります。「ヴェブレン効果」と呼ばれるこの思考傾向が、ハッチコスメにとってはネガティブな効果を発揮していた可能性があります。

　まずは価格を見直して適正価格に変更し、価格と品質を適切なバランスにすることにしました。これによってブランドの価値も高まることを期待します。

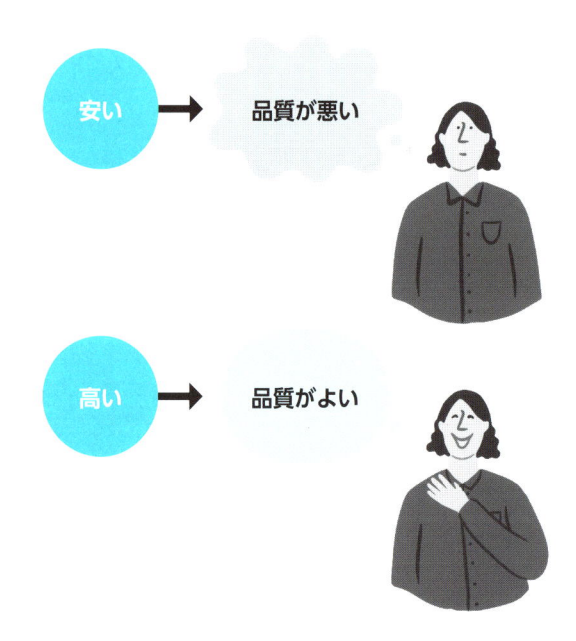

② プラスの効果を生み出す

　ハッチコスメが大衆向けの安いコスメであると誤認されているのは、製品の種類が乏しいことも原因と考えるべきです。顧客が「ちょうどよい」と感じる選択肢を提供できれば、自然に購入者も増えていきます。

　「ゴルディロックス効果」と呼ばれるこの効果を十分に発揮するためには、製品の選択肢を増やす必要があります。飲食店で松・竹・梅の3パターンのコースを用意

すると、梅で十分と考えるお客さんも竹を選びがちで、単価アップの効果も期待できます。

　そこでハッチコスメでは、特定の製品に高級成分を加えたプレミアム製品と、それに加えて容器や包装にも趣向を凝らしたラグジュアリー製品を用意し、素材の高級感に合わせた価格設定をしました。

これまでの製品

プレミアム製品

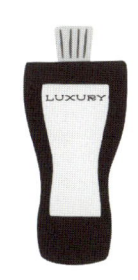

ラグジュアリー製品

③ 認知バイアスを逆手に取る

いくら製品がよくても、それがマーケットに認知されなければ意味がありません。現在のハッチコスメは、ごくわずかなマイナス評価の口コミによってブランドイメージを大きく損なっています。自社のウェブサイトで改善策を示していますが、全く世の中に広まっていません。

当事者よりも第三者からの意見に信頼性を感じる「ウィンザー効果」が、ネガティブな方向に働いているからでしょう。

思案の末、ハッチコスメは口コミ効果を逆手に取る戦略を思いつきました。マイナス評価の口コミを引用する形で、改善方法を加えた新しい発信をSNS上で行ってもらうのです。満足した顧客からのポジティブなレビューや体験談を集め、公式サイトやSNSで積極的に共有、インフルエンサーや有名人とのコラボレーションによるプロモーションも行います。

思い込みをただす

ハッチコスメは、行動科学の観点で「ヴェブレン効果」「ゴルディロックス効果」、認知バイアスの観点で「ウィンザー効果」を意識して顧客体験を向上させ、ブランドへの信頼を構築する施策を実行します。

まず、製品の原材料に手を加えたことを理由に価格を上昇改訂します。次に、2つのラインナップを追加して製品の選択肢を加えました。そして、インフルエンサーを中心に試供品を提供し、SNSを通じてポジティブな口コミを増やしていきます。

向上した利益率を原資とし、顧客サポートを強化、購入前後のフォローアップを徹底していきました。無料のサンプル提供や返金保証を設け、購入のハードルを下げるだけでなく体験型のポップアップイベントやワークショップ開催で、ブランドと直接触れ合う機会も提供していきます。

その結果、1年後にハッチコスメの化粧品は有名ウェブランキングの上位にランクインするほど支持されるようになりました。ハッチコスメは認知バイアスと行動科学がマーケティングに大きな影響を与えることを実感しました。

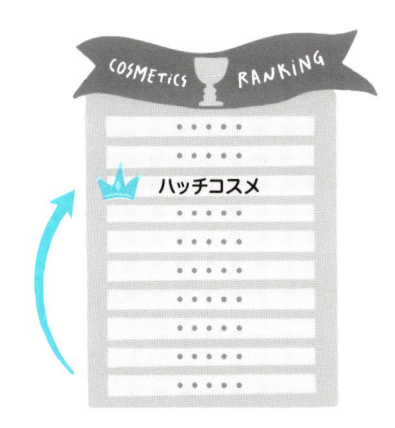

認知バイアスと行動科学：24個

　認知バイアスと行動科学にはすでに多くの効果が発見されています。すでに3-8（認知バイアス/行動科学）で紹介した「ヴェブレン効果」「ゴルディロックス効果」「ウィンザー効果」を含め、よく知られるものについて、効果の傾向と効果の大きさをまとめてみました。

　定量的で客観的な根拠に基づくものではありませんが、著者の経験則に基づく主観的な目安としての認識を皆さんに紹介します。

言い方で感じ方も変える効果

フレーミング効果
同じ情報でも言い方を変えることで異なる印象を与える

文脈効果
前後の文脈や周辺の環境の違いで、対象とするモノの意味合いや印象が変わる

ブーバ/キキ効果
発音と図形の視覚的印象によって感情に働きかける

シャウト効果
運動時に発声することによって、最大努力時の筋力が増強する

その気にさせる効果

偽の合意効果
他人も自分と同じように考えていると見なしたがる

プラセボ効果
効果があると偽ったり、高い値付けをすることで効果があるように信じてしまう

実験者効果（観察者効果）
実験者が意図せずに被験者の行動に及ぼす影響のこと

スリーパー効果
信頼性が低い情報も時間が経つとマイナス印象が消え、コミュニケーション効果が大きくなる

想像をかき立てる効果

確実性効果
確率が高いほどより確実なものを選び、低い場合は利益を得る確率を過大評価する

シンメトリー効果
左右対称に対し誠実さや美しさを感じ、好意・好感を持つ

ツァイガルニック効果
達成できなかった物事や中断・停滞している物事に対して、より強い記憶や印象を持つ

ハロー効果（後光効果）
表面的な特徴に引きずられ、全体の評価をしてしまう

それぞれの効果・法則について、認知バイアスと行動科学のどちら寄りであるか、それが自分や周囲に影響を与えてしまう可能性を大・中・小で表します。

このコラムでは6つのテーマに沿って24個を紹介します。

認知バイアス	認知バイアス/行動科学	行動科学
解釈や判断を歪める偏見、心理的傾向、先入観		人間の意志や行動に対して心理的・社会的に影響する傾向

◀━━ 影響力 ━━▶
大　中　小

並べて印象を変える効果

ヴェブレン効果
商品の価格が高ければ高いほど価値を感じる

コントラスト効果
同じものでも対比させるものによって、大きく印象が変わる

クレショフ効果
たとえ無関係な写真同士でも、隣り合っていると無意識に関連付けてしまう

レストルフ効果
他と明らかに違うものは人の記憶に残りやすい

やる気がなくなる効果

アンダーマイニング効果
その気になっていたところに報酬を与えるなどの外発的動機付けを行うことでやる気が低減する

ブーメラン効果
説得しようとして、かえって逆の態度を強めてしまう

リンゲルマン効果
集団が大きくなるにつれて1人あたりの能力発揮が無意識に低下する

傍観者効果
相手を援助すべき状況であるのに、周りに多くの人がいることで援助行動が抑制されてしまう

ずるいマーケティング効果

アンカリング効果
最初に提示された特徴や数値が基準となり、その基準の範囲で判断してしまう

ウィンザー効果
直接言われるより第三者から間接的に言われたほうが信憑性、信頼性が増す

エスカレーター効果
思い込みと異なる結果だった際に違和感を覚えて印象に残る

カクテルパーティー効果
興味ある事柄は、雑音や雑談の中でも自然と聞き取れる

言い方で感じ方も変える効果

認知バイアス
フレーミング効果

同じ情報でも言い方を変えることで異なる印象を与える

定価5000円の商品が1000円引きと表示されているほうが、20%オフと表示されているよりも割引率が高いように感じる

認知バイアス
文脈効果

前後の文脈や周辺の環境の違いで、対象とするモノの意味合いや印象が変わる

ただの「じゃがいも」より、「北海道の恵まれた大地で育ったゴロゴロしたじゃがいも」というと、よりおいしそうに感じる

認知バイアス
ブーバ / キキ効果

発音と図形の視覚的印象によって感情に働きかける

男性ターゲットの商品名に「G.B.Z」など破裂音系の濁音を入れることで、消費を促す

認知バイアス
シャウト効果

運動時に発声することによって、最大努力時の筋力が増強する

テニスの選手が叫びながらプレイすることで、より力強くボールを打ち返すことができる

←——影響力——→

| 大 | 中 | 小 |

その気にさせる効果

認知バイアス
偽の合意効果

他人も自分と同じように考えていると見なしたがる

買おうと思っている商品のレビューを見て、共感できる口コミがあると購入してしまう

行動科学
プラセボ効果

効果があると偽ったり、高い値付けをすることで効果があるように信じてしまう

有効成分の入っていない薬でも、医者から処方されると体調が改善し効果が出ているように感じる

行動科学
実験者効果（観察者効果）

実験者が意図せずに被験者の行動に及ぼす影響のこと

実験者の「この薬は効く」という期待を被験者が感じ取って無意識に自然治癒力が高まり、薬効がなくても治癒効果が現れてしまう

認知バイアス
スリーパー効果

信頼性が低い情報も時間が経つとマイナス印象が消え、コミュニケーション効果が大きくなる

ゴシップ週刊誌の情報でも、メディアに多く取り上げられることで信用する人が増える

GOSSIP

◀── 影響力 ──▶
| 大 | 中 | 小 |

想像をかき立てる効果

認知バイアス
確実性効果

確率が高いほどより確実なものを選び、低い場合は利益を得る確率を過大評価する

宝くじの一等が当たる確率が限りなく低いことは知っているが、実際の確率よりも高いと思い込んで買ってしまう

認知バイアス
シンメトリー効果

左右対称に対し誠実さや美しさを感じ、好意・好感を持つ

建物やキャラクターなど左右対称にすることで、安心感があり愛着を持ってもらいやすい

認知バイアス / 行動科学

ツァイガルニック効果

達成できなかった物事や中断・停滞している物事に対して、より強い記憶や印象を持つ

TV番組で「つづきは CM のあとで」といったフレーズを使うことで、視聴者への興味を引き立たせる

\ つづきは **CMのあとで** /

認知バイアス

ハロー効果（後光効果）

表面的な特徴に引きずられ、全体の評価をしてしまう

有名企業に勤めている人物をそうでない人よりも優れていると感じてしまう

◀── 影響力 ──▶
大　中　小

並べて印象を変える効果

行動科学
ヴェブレン効果

商品の価格が高ければ高いほど価値を感じる

5000円のボールペンと5万円のボールペンでは、機能は同じでも後者のほうが所有する満足度が高い

¥50,000　　¥5,000

認知バイアス
コントラスト効果

同じものでも対比させるものによって、大きく印象が変わる

10万円の指輪だけを見れば高いと感じるが、100万円の指輪の隣に置いてあると安く感じてしまう

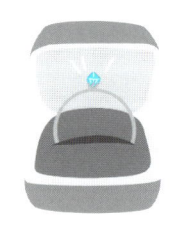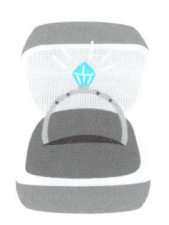

¥　100,000　　¥ 1,000,000

認知バイアス
クレショフ効果

たとえ無関係な写真同士でも、隣り合っていると無意識に関連付けてしまう

「チーズ」のCMを撮影するのに、ワインと並べると"高級感"を訴求でき、ダイニングテーブルに置くと"日常感"を与えることができる

認知バイアス
レストルフ効果

他と明らかに違うものは人の記憶に残りやすい

YouTubeでは「チャンネル登録ボタン」だけ色や大きさを他のボタンと変えることでチャンネル登録してもらいやすくなる

チャンネル登録

← 影響力 →
大　中　小

Column

やる気がなくなる効果

行動科学
アンダーマイニング効果

その気になっていたところに報酬を与えるなどの外発的動機付けを行うことでやる気が低減する

ゲームが趣味でゲーム会社に就職したのに、仕事としてゲームをやらなければならない状況になるとプライベートではゲームを触りたくなくなる

認知バイアス / 行動科学
ブーメラン効果

説得しようとして、かえって逆の態度を強めてしまう

勉強しようとしているときに親から「勉強しなさい」と言われ、かえってやる気を失ってしまう

行動科学

リンゲルマン効果

集団が大きくなるにつれて1人あたりの能力発揮が無意識に低下する

チームで仕事をしているとき、誰かがやってくれると思い、1人で仕事をする場合より生産性が下がる

行動科学

傍観者効果

相手を援助すべき状況であるのに、周りに多くの人がいることで援助行動が抑制されてしまう

駐車場から車の防犯ブザーがなっているのに、周辺の歩行者たちは通報もせず見に行くこともなかった

◀── 影響力 ──▶

| 大 | 中 | 小 |

ずるいマーケティング効果

認知バイアス
アンカリング効果

最初に提示された特徴や数値が基準となり、その基準の範囲で判断してしまう

特価1万円と値札をつけるより、「通常価格3万円→特価1万円」のほうが割安感が出て買ってもらいやすい

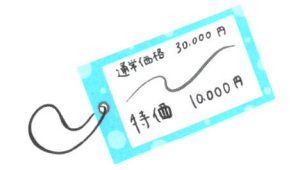

認知バイアス
ウィンザー効果

直接言われるより第三者から間接的に言われたほうが信憑性、信頼性が増す

商品の良し悪しについて店員さんに直接言われたことより口コミの意見を信頼してしまう

認知バイアス / 行動科学
エスカレーター効果

思い込みと異なる結果だった際に違和感を覚えて印象に残る

ガツガツしてそうな営業マンに「これは買わないほうがよい」と言われると好感を持ち、その後も印象に残る

これは買わない
ほうがいいよ

行動科学
カクテルパーティー効果

興味ある事柄は、雑音や雑談の中でも自然と聞き取れる

「自分のことかな」と思わせる文章や広告で注意を引き、売上を伸ばす

←影響力→
大　中　小

　最後に、特に気をつけておきたい認知バイアスの効果を2つ紹介します。これらの認知バイアスは、さまざまな意思決定の場面で誤った判断を導く原因になっており、特に重大な問題発生時にさらなる悪影響を及ぼしがちです。それぞれの特徴を意識し、安易な判断で誤った行動をしないように心掛けたいです。

- 正常性バイアス
- 利用可能性ヒューリスティック

　「正常性バイアス」は、異常な事態や災害の発生可能性を過小評価し、事態が「通常通り」進むと楽観的に予測する傾向を指します。

　自然災害や人為的災害の際に適切な準備や対応を行わない原因となり得ます。人々がリスクを過小評価することで、必要な予防措置を講じなかったり、避難勧告に従わなかったりすることがあります。

　企業や政策立案者がこのバイアスの影響を受けると、危機管理計画の策定やリスク評価が不十分になる可能性があります。

　「利用可能性ヒューリスティック」は、人々が最も容易に思い出せる情報や最近経験した事象をもとに判断を下す傾向を指します。

　このバイアスにより、人々はメディアで頻繁に報じられる事象や個人的に印象深い経験を過大評価することがあります。これは、リスクの誤評価や不合理な恐怖を引き起こす可能性があります。

　また、健康リスクの認識や安全対策の取り組みに影響を及ぼします。たとえば、メディアで大きく取り上げられた病気に対する過剰な恐怖が、他の一般的な健康リスクの軽視を招くことがあります。

　危機的な状況にあるときこそ、認知バイアスと行動科学の観点で、思い込みによる誤った行動を取ろうとしていないか、立ち止まって考えてみてください。

Chapter 4

総合演習

Chapter 4：総合演習

ファントム需要に対処する

MECE、ロジックツリー、IPO、オッカムの剃刀

　ホリデーシーズンは、ホテル業界にとって最も重要な時期の1つですが、実際に利用される予約とキャンセルされる予約の区別がつかない「ファントム需要」による課題も同時に抱えています。

　キャンター市では、年に一度の国際的な芸術祭が開催され、市内のホテルでは予約が急増します。昨年、多くの顧客が、参加するかどうかまだ決定していない段階で、確実に宿泊場所を確保するために複数のホテルに予約をしました。しかし、イベントが近づくと、実際には利用される予約のみが残り、多くのキャンセルが発生しました。

　需要が高いと予測される時期に適切な価格設定を行う必要がありますが、ファントム需要は実際の需要と大きく異なるため、本来よりも高い価格設定になってしまいます。

　直前のキャンセルにより空いた部屋を再販売できない場合、ホテルはその部屋に対する収益を逃すことになり

ます。特にホリデーシーズンのような高需要期においては、この影響は顕著です。

　部屋が予約で埋まっていると見なされ、実際には利用できる部屋があるにも関わらず、新規の予約を断ることがあります。これにより、潜在的な顧客を失うだけでなく、顧客満足度にも悪影響を及ぼすことがあります。

　頻繁なキャンセルと予約の変更は、ホテルの予約システムや運営の信頼性を損なう可能性があります。顧客は、予約が確実に守られるという安心感を持てなくなるかもしれません。

　キャンセル待ちリストの管理や直前の予約変更への対応など、追加の運営コストも発生します。

　キャンター市内の各ホテルはどのように対処すべきでしょうか？

　このケース問題は、次のフレームワークを使って考えてみましょう。

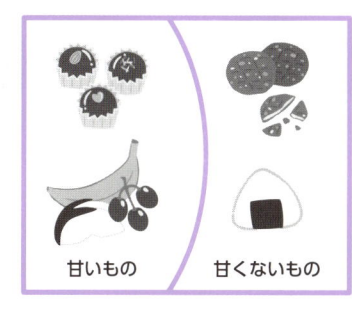

MECE

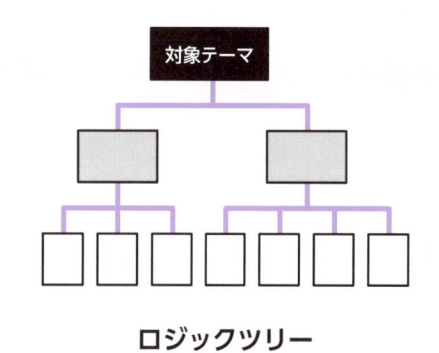

対象テーマ

ロジックツリー

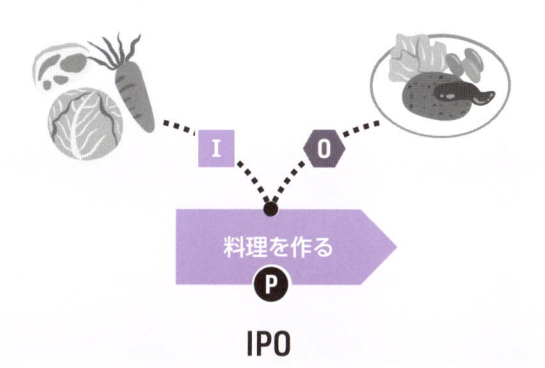

料理を作る
P

IPO

オッカムの剃刀

問題点を特定する

ホテルのファントム需要とは、顧客が実際に利用する意図が低いにも関わらず、複数のホテルに予約を入れ、最終的にはそのほとんどをキャンセルする行為を指します。

この結果、ホテル側は実際の需要を過大評価し、宿泊予約が実際の宿泊率よりもはるかに高く見える状況に陥ります。

ファントム需要は顧客の過剰予約が実態ですが、過剰予約の背景をまず整理してみます。

ホテルの予約は「予約システム」を通じて行われます。このとき、「顧客行動」によって過剰に予約がなされます。まずこの2点について、ファントム需要における問題点を考えてみましょう。

予約システムについて、オンラインでの予約プロセスが容易すぎることが、無責任な予約を促している可能性があります。

また、キャンセル料が無料／低額であるため、顧客がノーリスク／低リスクで複数の予約を行う動機が生まれます。

顧客行動については、顧客がベストな選択肢を模索する過程で、価格やオプションを比較するために複数の予約を行う傾向があります。

前払い不要で予約ができるため、スケジュール調整やよりよい条件の獲得のために、とりあえず複数の予約を行って、そこからの最終的な絞り込みをできるだけ遅らせようとするでしょう。

しかし、予約システムの緩さは、ホテル間の競争が激化したことで顧客を惹きつけるために柔軟な予約条件が必要となった結果であり、節度を守らない顧客行動は、確度の低い早期予約を促したり、キャンセル時のペナルティを顧客に極力課さないようにしてきたことが原因です。

これらは「業界慣習」としてホテル業界が行ってきたことであり、過剰予約というモラルハザードを許す温床になっていると言えるでしょう。

以上のことから、「予約システム」「顧客行動」「業界慣習」がファントム需要を生み出す要素になっているものと考えます。

ファントム需要

予約システム
- オンラインでの予約プロセスが容易すぎる
- キャンセル料が無料／低額である

顧客行動
- 価格やオプションを比較するために複数の予約を行う
- 最終的な絞り込みをできるだけ遅らせようとする

業界慣習
- ホテル間の競争が激化したことで顧客を惹きつけるために柔軟な予約条件を受け入れている
- 確度の低い早期予約を促したり、キャンセル時のペナルティを顧客に極力課さないようしている

② 原因と影響を分析する

　ホテル宿泊のファントム需要を生み出す要素が「予約システム」「顧客行動」「業界慣習」にあることが明確になりました。次に、それら要素における、ファントム需要の原因と影響を整理しましょう。

　ホテルの予約システムはオンライン予約サイトと連携しています。予約サイトでは、複数のホテルを比較して、簡単に「複数の宿泊予約ができる機能」を備えています。

　それぞれの予約も、かなり長期間のキャンセル料金不要期間が設定されており、「寛大なキャンセルポリシー」がギリギリまで予約を確定させないことを許容してしまっています。

　顧客はさまざまな選択肢を見つけ、少しでも利用する可能性があれば、仮のつもりで予約をします。顧客の「複数選択肢の保留」について、ホテル側からはそれぞれの予約の確度を知ることはできません。

　旅行に関する情報があふれているため、できるだけ情報を集めてから最良の判断をしようと顧客は考えます。キャンセル料金が発生する直前まで「キャンセル判断の後ろ倒し」が起きるのはこのためです。

　旅行ビジネスは参入障壁が低く、民泊も含め、多くの競合が存在します。こうした市場競争の激しさを背景に、ホテル業界はキャンセル料の極小化を含む「柔軟な予約条件」を許容してきました。

　加えて、ノーリスクで早期予約できるようにする早割キャンペーンや、宿泊日数が多いほど割引率を高める連泊割引キャンペーン、特定のシーズン需要を喚起する季節割キャンペーンなど、「割引キャンペーン」はファントム需要による機会損失と影響の大きさを助長しています。

　ファントム需要を生み出す原因はいずれも、「過剰予約が増えて需要予測の精度が落ちる」ことと、「過剰予約のキャンセル対応で機会損失が拡大する」ことにつながります。こうした影響をどのように改善するべきか、施策を立案しなければなりません。

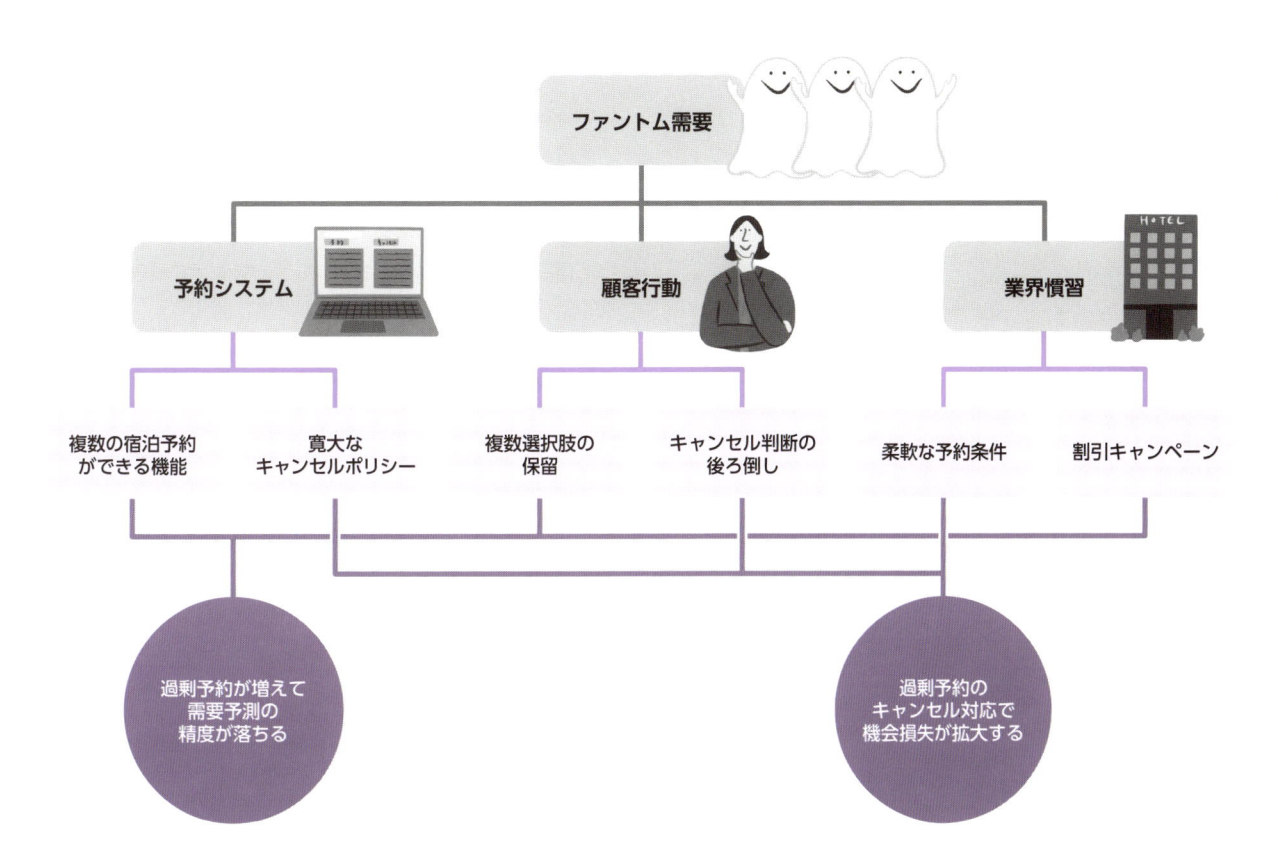

ファントム需要

予約システム　　　　顧客行動　　　　業界慣習

複数の宿泊予約　　　寛大な　　　　複数選択肢の　　キャンセル判断の　　柔軟な予約条件　　割引キャンペーン
ができる機能　　キャンセルポリシー　　保留　　　　　後ろ倒し

過剰予約が増えて
需要予測の
精度が落ちる

過剰予約の
キャンセル対応で
機会損失が拡大する

③ フローをベースに改善方針を示す

　ファントム需要が引き起こす、「過剰予約が増えて需要予測の精度が落ちる（Ⓐ）」ことと、「過剰予約のキャンセル対応で機会損失が拡大する（Ⓑ）」ことについて、改善方針を考えます。

　顧客の目線で整理してみましょう。顧客は、最初に「宿泊プランを検討」し、次に「宿泊プランを複数予約」します。その後、顧客は本命以外の過剰予約した分をキャンセルし、「宿泊プランを確定」させます。

　このときホテルの目線では、それぞれのタイミングでどのような改善ができそうか考えてみましょう。

　顧客が宿泊プランを複数予約するとき、それが過剰予約に該当する可能性を推測することで、対策を立てやすくなります。顧客行動の分析を強化し、予約パターンを詳細に把握して「予約傾向の分析」をしましょう。オンライン予約サイトに申し入れ、予約時に具体的な宿泊目的や顧客の属性を追加収集するべきです。

　同一顧客による過剰予約の可能性を検出したら、それを是正するための確認作業や対応アクションを実装し、「予約プロセスを最適化」することも必要です。

　複数の予約を受け付けたとしても、キャンセル費用の発生時期を早めたり、費用を高めたりと「キャンセルポリシーの改善」をすることで、予約の空いた客室を別の顧客に割り当てることが可能です。一定期間の予約できる顧客数を増やすことに寄与するでしょう。

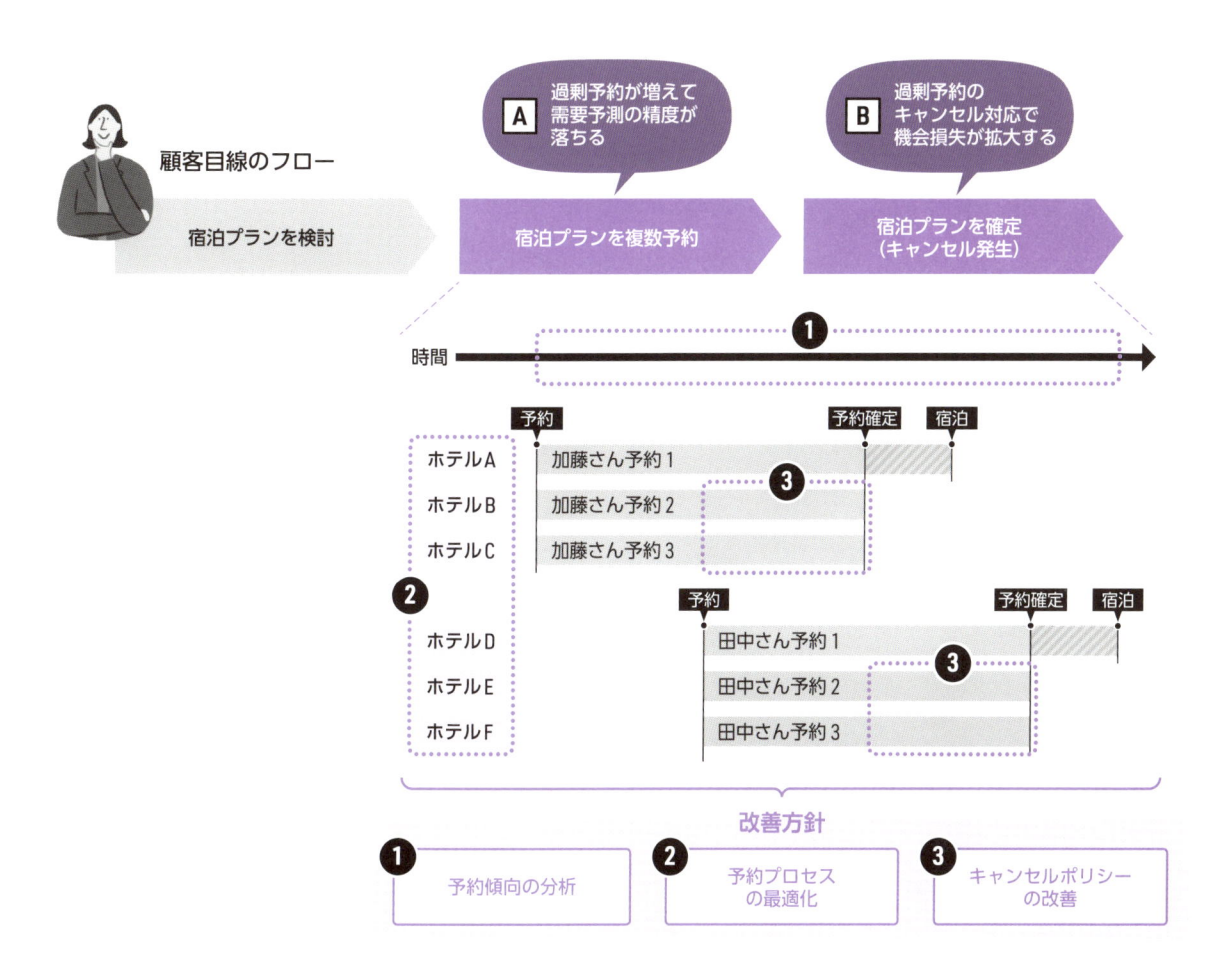

顧客目線のフロー

宿泊プランを検討

A 過剰予約が増えて需要予測の精度が落ちる

宿泊プランを複数予約

B 過剰予約のキャンセル対応で機会損失が拡大する

宿泊プランを確定（キャンセル発生）

時間 ①

予約　予約確定　宿泊

ホテルA　加藤さん予約1
ホテルB　加藤さん予約2　③
ホテルC　加藤さん予約3

② 予約　予約確定　宿泊

ホテルD　田中さん予約1
ホテルE　田中さん予約2　③
ホテルF　田中さん予約3

改善方針

① 予約傾向の分析
② 予約プロセスの最適化
③ キャンセルポリシーの改善

4 シンプルな改善策を示す

「予約傾向の分析」「予約プロセスの最適化」「キャンセルポリシーの改善」から改善策を具体化していきます。

キャンター市を訪れる顧客には、ビジネス目的の旅行者、家族旅行者、カップル、単独旅行者などさまざまなタイプがいるでしょう。これらの顧客属性に加え、過去の予約歴や行動パターンから顧客別に最適な宿泊料金を提示することができれば、キャンセル料の設定もそれに合わせて納得感のあるものを提示できるはずです。

また、予約時に返金オプションに何段階かの柔軟性を持たせることで、顧客は実情に合った予約をするようになりますし、ホテル側もキャンセルリスクを低減できます。予約パターンをリアルタイムでチェックし、予約やキャンセルの集中を検知したら、それに合わせて宿泊料金を動的に変更することも、ホテル側と顧客側のニーズ調整に役立ちます。

では、これらの要素をすべて加味した改善策を立案すべきでしょうか？

それはやめておくべきです。これらの取り組みは効果の最大化に役立ちますが、同時に管理の複雑さを増大させ、仕組みを実現する難易度も跳ね上がります。ホテルにとっても顧客にとっても、使いづらい仕組みになって

しまえば、宿泊需要と顧客満足度を下げることになり、キャンター市に滞在する魅力を損なってしまいます。

こうしたときは「オッカムの剃刀」を適用して、できるだけシンプルに整理し直すべきです。

3つの改善方針の中で最もシンプルに取り組めそうなのは「キャンセルポリシーの改善」です。返金不可オプションをシンプルに追加し、このオプションを選択した顧客には宿泊費を2割値引きするようにすることを考えました。これは顧客に慎重な予約を促し、無計画なキャンセルを抑制する効果が期待できます。

次に「予約プロセスの最適化」として、料金設定にも変更を加えることにします。宿泊予約が1件増えるごとに価格を5％ずつ更新し、コストパフォーマンスを悪くなっても予約したいと考える、宿泊可能性の高い顧客への絞り込みをします。

最後に「予約傾向の分析」について、キャンセルが予想される部屋数を事前に計算し、それを考慮した上で追加の予約を受け付けることで、キャンセル損失を最小限に抑えます。単身者向けの予約などのように、万一、重複予約となってしまっても、他の宿泊施設への変更と送迎を含む、違約金での対応で了承を得られるであろう顧

客層に限定します。

　これらの試行錯誤を通じ、キャンター市内の各ホテルはファントム需要という制約を克服することができるでしょう。

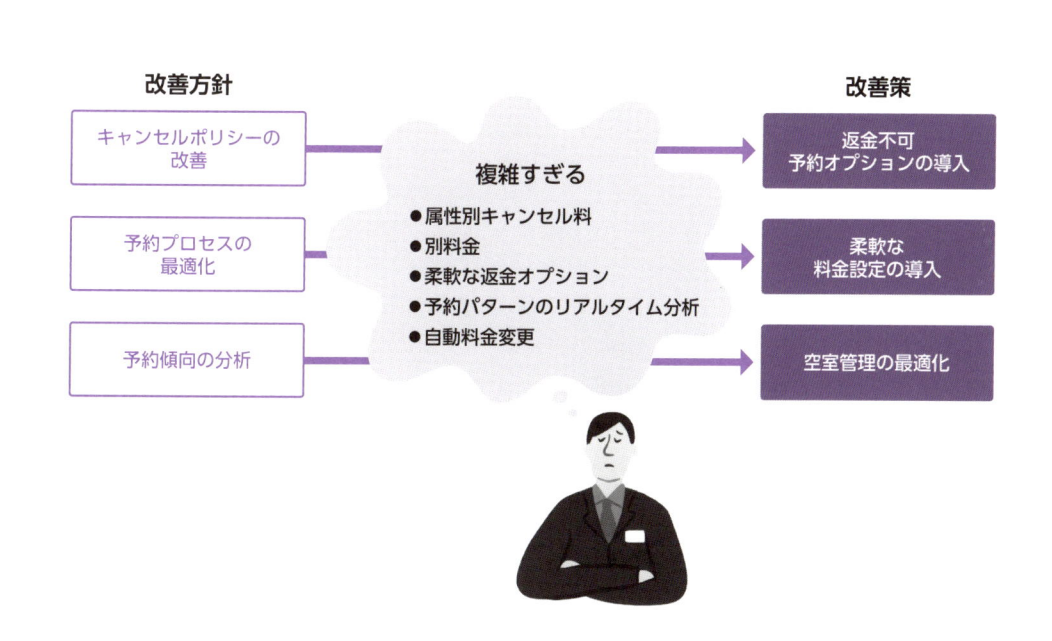

フレームワークの適用ポイント

このストーリーは4ステップで取り組みました。

1. 問題点を特定する（MECE）
2. 原因と影響を分析する（ロジックツリー）
3. フローをベースに改善方針を示す（IPO）
4. シンプルな改善策を示す（オッカムの剃刀）

1つ目のステップとして、問題点を特定するため、「MECE」の考え方を用いています。ファントム需要の問題を異なる側面から明確に理解し、問題を引き起こしている要素を網羅的に整理するようにしました。

網羅的な整理は、スコープが不足しているかもしれないという相手の疑問を解消する効果があります。MECEで考えていることを最初にアピールして、議論の対象が増えていくリスクをモグラたたき的に取り除きます。

2つ目のステップとして、原因と影響の分析には、「ロジックツリー」の考え方を用いています。ファントム需要の問題の根源となる要因を掘り下げ、悪影響の真因を抽出しました。

議論が十分にできているか納得感を醸成するには、表面的に見える内容を「なぜそうなのか？」と掘り下げることが必要です。複数回の掘り下げを通じて、解決すべき対象を具体的に理解することができるようになります。掘り下げが足りていないと、相手からは「表面的な分析に留まっている」と不満に思われるだけでなく、このあとで取り組む改善策を具体化することが難しくなります。

3つ目のステップとして、真因に対する改善方針を示すにあたり、どの部分を改善するものであるか、わかりやすく捉えるために、「IPO」の考え方を用いています。顧客がホテルに予約する手順の流れ（フロー）を示し、それに対する改善すべき箇所を明らかにしました。

　顧客の視点でホテル予約の流れを捉えることにより、利用者目線で改善に取り組むことができます。逆に、ホテル側が予約を管理する目線でホテル予約の流れを捉えてしまうと、ホテル側が不利益を被る顧客の行動を合理的に説明することが難しくなります。そうなると改善策は、顧客の事情を軽視した、ホテル側の都合ありきのものになってしまいがちです。

　4つ目のステップとして、シンプルな改善策を示すために、「オッカムの剃刀」の考え方を用いています。複雑になりがちな改善策の中身から、取り組まなくても効果に大差ない部分を削ぎ落とし、本質的な部分だけを残します。

　議論を重ねていくと、あれも考慮しないといけない、これも考慮しないといけないと考えてしまい、どんどん内容が複雑になっていきます。しかし、複雑なことを複雑なまま取り組める人は多くありません。意識が散漫になって、どれも中途半端な結果になってしまいがちです。そうした失敗に陥らないためには、できるだけシンプルな状態にしようという意識が重要になります。改善観点のすべてに満遍なく取り組むことをやめて、効果の高そうな部分に絞ることが、費用対効果に優れるアプローチです。

　このストーリーで示した通り、最初にMECEの観点で整理すると、そのあとの議論で抜けもれる要素をなくすことができます。そして、複雑化する内容は、核心部分だけを残すよう簡略化することで、コストに対して効果の高い施策を実施できるようになるでしょう。

ヒット商品を生み出す

SCAMPER、親和図法、PAC思考、認知バイアス

キャンターフードは、タンパク質食品市場での競争激化の中で、消費者の健康意識の高まりという大きな波を捉えきれずに苦戦しています。

同社では先日、新しいタンパク質食品『1分満足バー』を発売しました。これは、卵と乳製品をベースにしたクッキー生地にプロテインを練り込み、おやつ感覚で食べられるようにチョコレートでコーティングした食べ物です。1分で食べきれる量なのに、お腹も膨れて1食あたりに必要なタンパク質量の8割を摂取できるという、優れた機能性食品です。

CMも大々的に展開し、コンビニや小売店にもキャンペーンブースを設けて市場へのアピールを行いました。しかし、期待されるほどの反響を呼ぶことはなく、売上低下に比例して、徐々に店頭スペースも縮小されています。

なぜこのような結果になってしまったのか、キャンターフードの経営層は社内で聞き取り調査を行い、次の結果を得ました。

- 新しい食材の活用が遅れている：
  →動物性だけでなく植物性タンパク質など新しい素材を組み合わせた製品を消費者は期待している
- ターゲット層が広すぎる：
  →消費者個別の利用シーンを想定していないため、他社の特化した製品と比べて魅力が劣る
- 技術革新が遅れている：
  →乾燥や醸造など伝統的な食品加工技術の利用に留まっている
- マーケティング手法が合っていない：
  →ターゲット消費者のライフスタイルに合っていない

キャンターフードはどのように対処すべきでしょうか？
　このケース問題は、次のフレームワークを使って考えてみましょう。

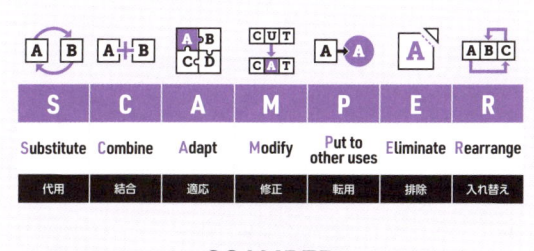

SCAMPER

親和図法

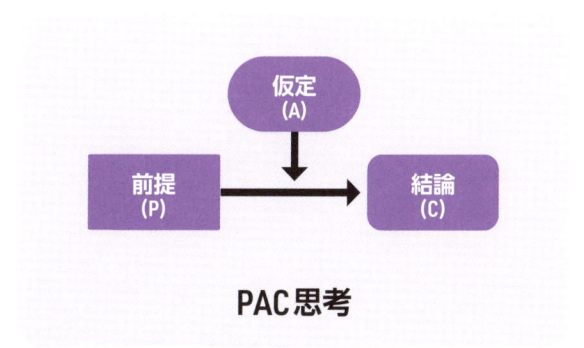

PAC思考

**アンカリング効果
認知バイアス/行動科学**

Exercise

① 新製品のアイデアを絞り出す

キャンターフードが市場競争力を高めるため、『1分満腹バー』を構成する要素を整理し、新コンセプトをそこから見つけることにします。

1分満腹バーは、「タンパク質」「その他健康成分」「形状・サイズ」「デザイン」「利用シーン」でそれぞれ特徴がありますが、それぞれSCAMPERのフレームワークに当てはめて強制的にアイデアを出してみました。

1分満腹バーは、動物性タンパク質をベースに、カルシウムとマグネシウムを組み合わせて、食べるだけで1日に必要なタンパク質と一部ミネラルの半分を摂取できます。

形も手軽な棒状になっており、おやつ時間に手軽に食べられるよう工夫してあります。チョコレートでバーをコーティングしていることから、包装もチョコレート色で合わせてあります。

小腹が空いたらおやつ感覚で食べるという利用シーンをコンセプトに、1分満足バーという製品を作り上げました。

新コンセプトを見つけるため、こうした要素をSCAMPERに当てはめて、ある程度実用性が高そうだと判断したものを一覧表に当てはめました。

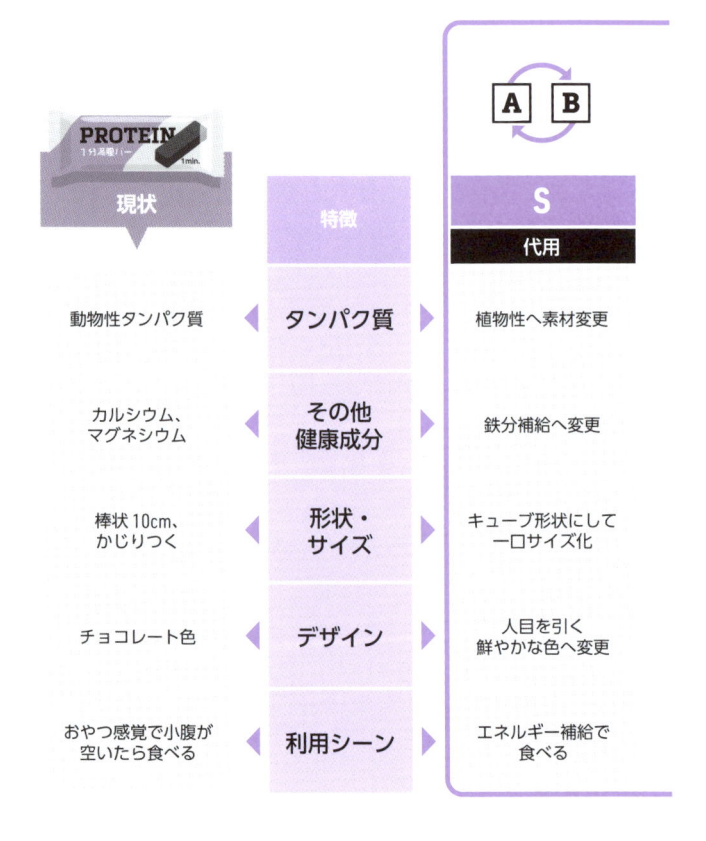

現状	特徴	S 代用
動物性タンパク質	タンパク質	植物性へ素材変更
カルシウム、マグネシウム	その他健康成分	鉄分補給へ変更
棒状10cm、かじりつく	形状・サイズ	キューブ形状にして一口サイズ化
チョコレート色	デザイン	人目を引く鮮やかな色へ変更
おやつ感覚で小腹が空いたら食べる	利用シーン	エネルギー補給で食べる

		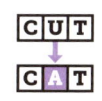			
C	**A**	**M**	**P**	**E**	**R**
結合	適応	修正	転用	排除	入れ替え
動物性＋植物性	食糧不足でも対応できる素材	処理方法変更で栄養価 UP	美容目的の成分主体に転換	タンパク質を除去	タンパク質をビタミンの補助成分へ変更
抗酸化物質と組み合わせて健康度 UP	高齢者向け配合へ変更	パウダー化で吸収率向上	スキンケア製品へ転用	特定成分を除去	補助成分主体のタンパク質フードへ変更
サイズを小さく内容数を増やし味を組み合わせ	曲線化して持ちやすくする	さらに大きくして満腹感を UP	デザート用途へ転用	固形をやめて粉末化して摂取	なし
金・銀を合わせてプレミア感を演出	化粧品のようにラグジュアリー感を出す	包装を光沢仕様で高級感を出す	包装の裏側にマメ知識を記載しクイズへ転用	色を使う場所を限定してシンプル化	ロゴを大きく製品画像を小さく
運動後のリカバリースナックとする	移動時の便利な食べ物とする	学生に特化した利用シーンへ変更	プレゼント用途へ転用	おやつではなくいつでも食べるものにする	日中ではなく寝る前に食べる

Exercise

② 新製品のコンセプトを絞り込む

　次に親和図法のフレームワーク（データ収集→グループ化→ラベリング→発見）を参考に新製品のコンセプトを見つけていきます。

　データ収集とグループ化のステップは、SCAMPERの各要素としてすでに洗い出しました。これらをラベリングし、新しいコンセプトを発見したいと思っています。

　別途実施した市場アンケートでは、植物性（●）／サステナビリティ（▲）／美容（■）への興味を示す意見が多かったことから、各要素がこれらのどれで活用できるかラベリングをすることにしました。

　ラベリングした結果からわかったのは、最も特徴に違いを出せそうなのは「タンパク質」であり、そこから3つのコンセプトを発見できました。

　1つ目は「植物性へ素材変更」です。主成分であった乳製品を使わずに大豆などへ切り替えることで、増加するヴィーガン志向の人々にとっての定番となり得る製品を考えます。

　2つ目は「食糧不足でも対応できる素材」です。人口増加に伴う食糧問題を意識し、すでにそれらが現実となっている地域やサステナブル志向の人々が手に取りやすい成分、たとえば昆虫食を用いた製品を考えます。

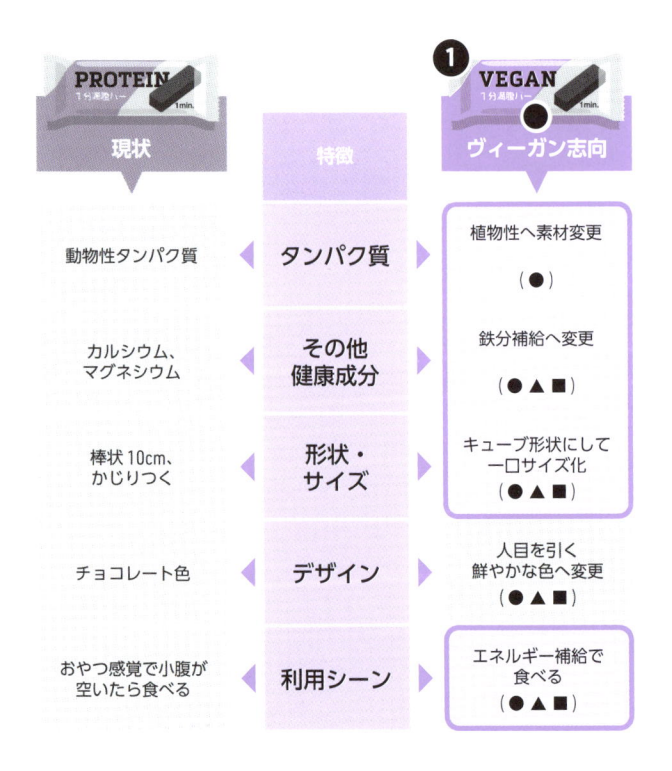

3つ目は「別目的の成分主体に転換」です。タンパク質補給を主目的とせず、拡大を続ける美容市場で注目を集めるべく、ビューティー志向の人々が求める美容成分をメインにした製品を考えます。

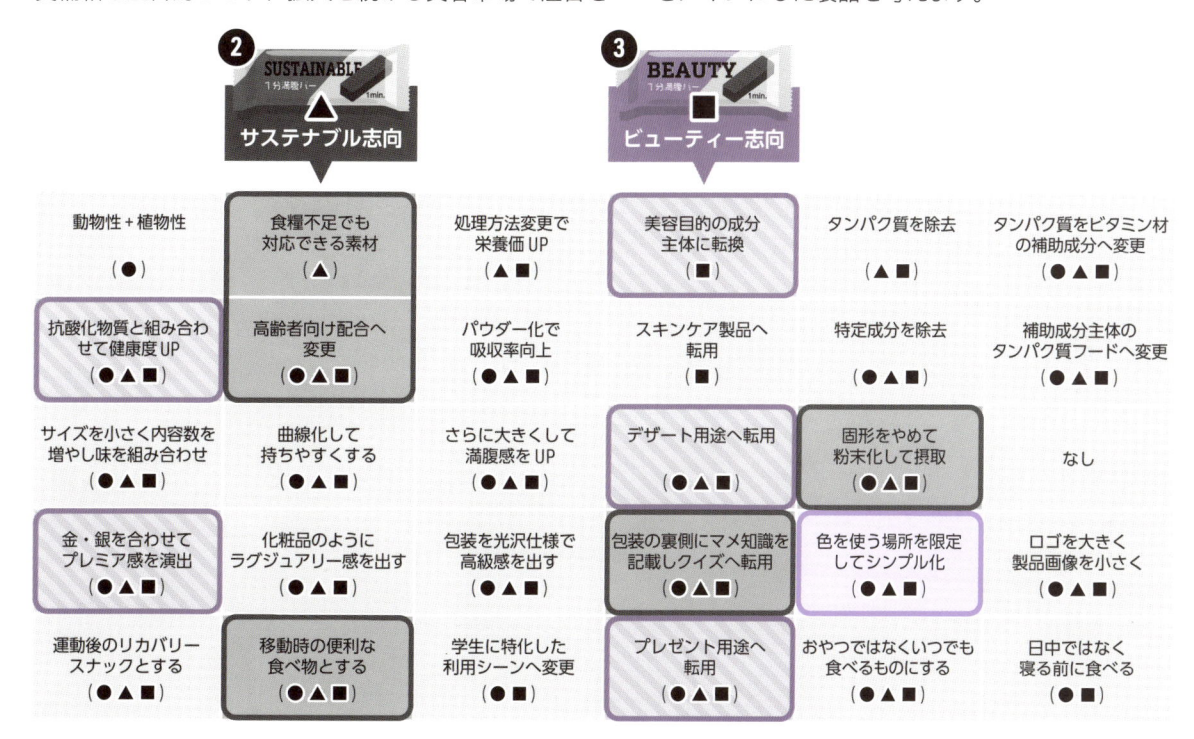

③ コンセプトの妥当性を検証する

　3つのコンセプトを企画会議で検討した結果、ヴィーガン志向のタンパク質食品を新コンセプトとすることに決めました。

　このコンセプトに基づく新製品のヒットをより確実にするために、要素の確からしさをPAC思考のフレームワークで検証することにします。

　複数要素のうち、製品の特長に直結する「タンパク質」と「その他健康成分」について、今のロジックの妥当性を検証します。

　前提／仮定／結論を列挙した上で、それぞれの整合性をみんなで精査したところ、懸念点に気づくことができました。

　まず前提について、ヴィーガンはタンパク質の多い食品の一部しか摂取しないため、タンパク質と鉄分が不足しやすいとしています。しかし、昨今ではヴィーガン向け食品は多様化しており、バランスよく栄養を摂取できるオプションも増えています。

　仮定について、ヴィーガン志向の人々が増え続けるという考え方は市場トレンドを反映していますが、成長が継続する保証はありません。

　主成分を動物性タンパク質から植物性タンパク質へ切り替えることはヴィーガン市場に適合しますが、どの植物性タンパク質を使用するかによって、市場の反応は変わるでしょう。奇をてらわずに豆類を主体とするか、ブロッコリーやアボカドなど野菜類を主体とするか、簡単に決めることはできません。

　これらの懸念点への対策を明確にすることを条件として、キャンターフードでは新製品を「1分満腹ヴィーガンバー」として販売することと決めました。

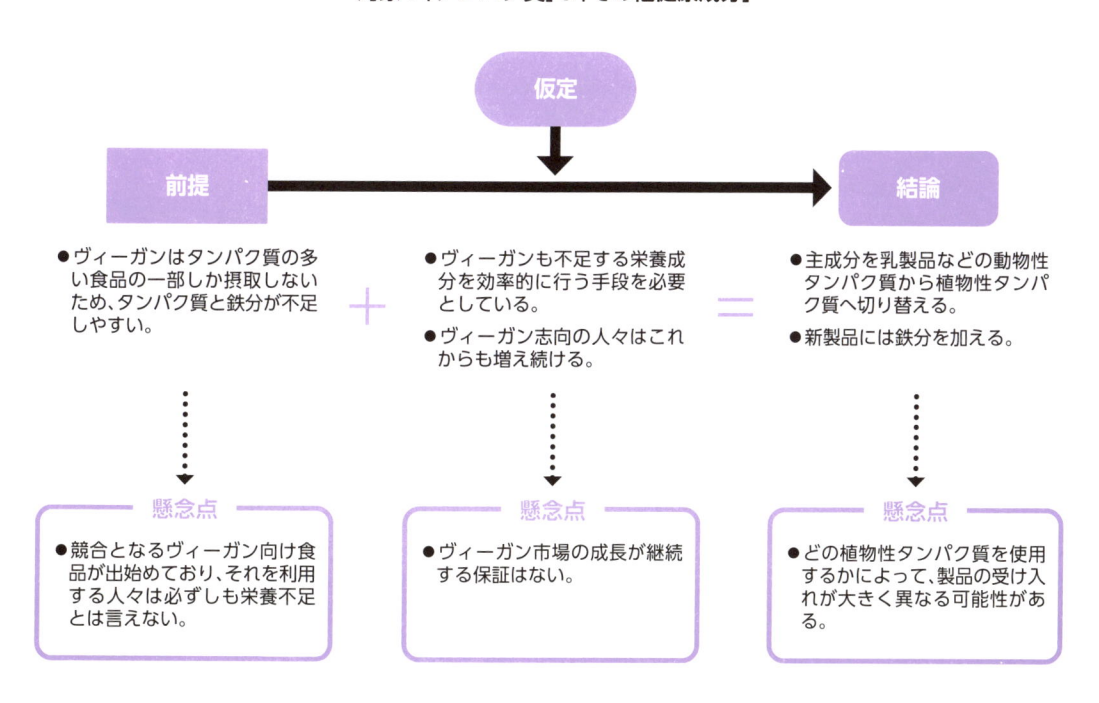

対象：「タンパク質」＆「その他健康成分」

仮定

前提

結論

- ヴィーガンはタンパク質の多い食品の一部しか摂取しないため、タンパク質と鉄分が不足しやすい。

＋

- ヴィーガンも不足する栄養成分を効率的に行う手段を必要としている。
- ヴィーガン志向の人々はこれからも増え続ける。

＝

- 主成分を乳製品などの動物性タンパク質から植物性タンパク質へ切り替える。
- 新製品には鉄分を加える。

懸念点

- 競合となるヴィーガン向け食品が出始めており、それを利用する人々は必ずしも栄養不足とは言えない。

懸念点

- ヴィーガン市場の成長が継続する保証はない。

懸念点

- どの植物性タンパク質を使用するかによって、製品の受け入れが大きく異なる可能性がある。

4 比較情報でマーケティングする

　新製品「1分満腹ヴィーガンバー」のターゲットはヴィーガン市場の消費者だけではありません。乳製品を摂取できるベジタリアンの栄養食、そして痩せたいと思っている人々へのダイエットフードとしても訴求できるポテンシャルがあります。

　前回はお買い得感と他社製品との優位性をマーケティングアピールできず、広告競争で敗れてしまいました。また、影響ある人物やコミュニティからの支持を得ることを怠り、他社製品と比べて市場へのアピールが圧倒的に不足していたことも反省点です。

　こうした課題点を克服するため、今回は認知バイアスの中でも、ターゲット消費者のライフスタイルを意識した上で、イメージアップに役立つ「アンカリング効果」を活用しようと思います。

　アンカリング効果は、最初に示された情報を基準としてその後の意思決定を行う思考的傾向を指し、今回は以下の取り組みを行います。

- ●価格設定と特別割引
- ●栄養価比較
- ●利用シーンの具体化
- ●パッケージデザインの活用
- ●インフルエンサーへの展開

　これらの取り組みは、「1分満腹ヴィーガンバー」の売上拡大に大いに寄与してくれることでしょう。

価格設定と特別割引

初めに比較的高い価格を設定し、のちにプロモーションや割引を行うことで、消費者に「お得感」を感じさせます。消費者は最初に見た高価格を基準とし、割引後の価格を特別な取引と感じるため、購入意欲が高まります。

栄養価比較

「1分満腹ヴィーガンバー」の栄養価を類似の非ヴィーガン製品や他のヴィーガンスナックと比較して提示します。この比較を通じて、高タンパク質で鉄分も豊富な点を強調し、他製品との優位性をアピールします。

利用シーンの具体化

ヴィーガン、ベジタリアン、ダイエットを意識している人々を対象に、具体的な利用シナリオ（エネルギー補給が必要なとき、運動前後、小腹が空いたときなど）を提示します。消費者はこれらのシナリオを基準として製品を評価し、自分の生活に必要なアイテムとして位置付ける可能性が高まります。

パッケージデザインの活用

シンプルでヴィーガン食を連想させる色彩のパッケージデザインを採用し、消費者の記憶に残りやすくします。パッケージデザインは消費者の購入決定の「アンカー」となり、見た目の印象が購入動機を強化します。

インフルエンサーへの展開

ヴィーガンコミュニティや健康意識が高いインフルエンサーに製品を試してもらい、その感想や推薦を広く共有します。初期のポジティブなフィードバックが消費者の期待値を設定し、他者の意見が購入行動を正当化するアンカーとなります。

フレームワークの適用ポイント

このストーリーは4ステップで取り組みました。

1. 新製品のアイデアを絞り出す（SCAMPER）
2. 新製品のコンセプトを絞り込む（親和図法）
3. コンセプトの妥当性を検証する（PAC思考）
4. 比較情報でマーケティングする（アンカリング効果）

1つ目のステップとして、これまでとは異なるアイデアを幅広くひねり出すため、「SCAMPER」の考え方を用いています。製品の要素に対して、7個（代用／結合／適応／修正／転用／排除／入れ替え）の観点で網羅的かつ強制的にアイデアを列挙しました。

こうした強制的なアイデア発想は、今までにはなかった新しい発見を期待できます。思いもよらなかったアイデアの組み合わせによって、発想の柔軟性が刺激され、プロテインやその他健康成分の変更、利用シーンなどの見直しによって、新しいコンセプト案の材料を生み出します。

2つ目のステップとして、複数の案を絞り込むため、「親和図法」の考え方を用いています。アイデア・データを収集し、それらをグループ化、そしてラベリングで分類したのちに、新しい情報を発見しました。

SCAMPERのように発散行為で生まれた数々のアイデアについて、実現可能性や有効性の観点で優れるものに収束させていき、思いつきを現実的なコンセプト（ヴィーガン志向、サステナブル志向、ビューティー志向）に変えていきます。

3つ目のステップとして、考え方の妥当性を検証するため、「PAC思考」の考え方を用いています。前提／仮定／結論にあたる要素を列挙し、それら3つの要素で論理的整合が取れているかをチェックしました。

　「前提」には確定的な情報、仮定には不確定な情報を列挙することが一般的ですが、ロジックを検証する際、前提にあたる部分であっても立案者の予測や願望が紛れていることに気づくことでしょう。「ヴィーガンはタンパク質の多い食品の一部しか摂取しない」という前提は情報不足に基づく限定的な認識であり、実際には「競合となるヴィーガン向け食品が出始めており、それを利用する人々は必ずしも栄養不足とは言えない」との懸念点を見つけることができました。

　4つ目のステップとして、情報を効果的に消費者へ伝えるため、「アンカリング効果」の考え方を用いています。認知バイアス／行動科学の偏見、心理的傾向、先入観を踏まえ、特に先行情報に対する比較判断を最大限有効に活用する方法を考えました。

　消費者向けマーケティングは、人の考えを先読みして行動することができると大きな成果につながります。今回の場合、今だけお得な状況であることを理解してもらい、過去の製品と比べても優れていることで、消費者は「買う価値がある」と感じることを期待しています。また、利用シーンをあらかじめ設定し、消費者が自分のライフスタイルに当てはめて想像しやすい仕掛けをしました。パッケージデザインとインフルエンサーについても、アンカー（判断する基準となる情報）を明確にして、新製品に対する消費者の判断を誘導するよう仕掛けています。

　このストーリーで示した通り、アイデアを形にするには発散と収束を組み合わせます。SCAMPERで発散し、親和図法で収束させ、その妥当性をPAC思考で検証する流れを大きなフレームワークと捉えてください。

各フレームワークの考える手順（早見表）

これまでに示してきた、ロジカルシンキング／ラテラルシンキング／クリティカルシンキングのフレームワークについて、各チャプターで考える手順を早見表としてまとめました。

各フレームワーク（一部を除く）は４つの手順に収まるよう、考えるステップを整理してあります。本書を一通り読んだあと、気になるフレームワークはこの早見表を使って考える流れをイメージできるようにすることをお勧めします。

考える流れを何度も思い浮かべることで、そのように考える癖がついてきます。これは頭のよい人が考えるやり方と同じものです。そうなったあなたは、もはや頭のよい人そのものと言えるでしょう。

それなら…

Chapter 1
ロジカルシンキング

1-1 MECE
1-2 ベン図
1-3 MECEとベン図
1-4 ロジックツリー
1-5 ピラミッドストラクチャー
1-6 IPO
1-7 TOC
1-8 FABE法/BEAF法
1-9 PREP法/DESC法
1-10 親和図法

むしろ…

Chapter 2
ラテラルシンキング

2-1 ブレインストーミング
2-2 因果関係/相関関係
2-3 改善点列挙法
2-4 ECRS
2-5 SCAMPER
2-6 ミミック＆ミメーシス
2-7 シネクティクス法（直接的）
2-8 シネクティクス法（擬人的）
2-9 シネクティクス法（象徴的）

そもそも…

Chapter 3
クリティカルシンキング

3-1 ヒストグラム
3-2 BATNA/ZOPA
3-3 Pros & Cons
3-4 Fit & GAP
3-5 ジレンマ
3-6 PAC思考
3-7 オッカムの剃刀
3-8 認知バイアス/行動科学

ロジカルシンキングのフレームワーク

フレームワーク名	手順1	手順2	手順3	手順4
MECE	大別する	細分化する	モレとダブりを見直す	新しい属性を加える
ベン図	要素を書き出す	共通点を括る	共通点を深堀りする	共通点を定期的に見直す
MECEとベン図	要素の関係を明示する	要素の大きさを把握する	重複部分をMECEで把握する	各要素でアクションを考える
ロジックツリー	各ツリーの軸を決める	ツリーごとに深掘りする	要素を具体化する	ツリーを見直す
ピラミッドストラクチャー	ロジック構造を反省する/考える	キーメッセージと根拠を示す	データでロジックを補強する	ロジックの一貫性を保つ
IPO	「P」を洗い出す	「I」&「O」を決める	フロー図を作る	手順は3まで
TOC	ボトルネックを見つける	ボトルネックを効率的に扱う	最良の制約を選ぶ	制約の範囲で結果を出す
FABE法/BEAF法	特徴を示す	利点を付け加える	利益を強調する	証拠を示す
	利益を強調する	証拠を提示する	利点を説明する	特徴を補足する
PREP法/DESC法	結論を示す	理由を述べる	事例で補足する	まとめる
	状況説明する	意見を述べる	選択肢を提示する	結論を示す
親和図法	データ収集する	グループ化する	ラベリングする	親和図を見て気づきを得る

ラテラルシンキングのフレームワーク

フレームワーク名	手順1	手順2	手順3	手順4
ブレインストーミング	目的と参加者を決める	グランドルールを設定する	アイデアを出す	アイデアを整理する
因果関係/相関関係	データを収集して可視化する	データから仮説を設定する	直接原因と間接原因を分類する	モデルの精度を高める
改善点列挙法	改善対象の要素を決める	改善点を列挙する	改善点への解決案を考える	解決案を組み合わせる
ECRS	全体像を把握する	削除する	組み合わせたり入れ替える	単純にする
SCAMPER 手順は8まで	見直す要素を決める / Substitute（代用）で発想する	Combine（結合）で発想する / Adapt（適応）で発想する	Modify（修正）で発想する / Put to other use（転用）で発想する	Eliminate（排除）で発想する / Rearrange（入れ替え）で発想する
ミミック＆ミメーシス	成功事例を特定する / 感動原因を特定する	模倣の範囲と方法を決定する / プロトタイピングとテストをする	製品開発とマーケティングをする / ブランドストーリーの構築と宣伝をする	市場投入とフィードバック収集をする / 市場投入とブランド育成をする
シネクティクス法	問題を特定して目標設定する	直接的/擬人的/象徴的類比を考える	解決策を実装する	効果を検証して改善する

クリティカルシンキングのフレームワーク

フレームワーク名	手順1	手順2	手順3	手順4
ヒストグラム	データを可視化する	原因を分析する	対策を実施する	効果をモニタリングする
BATNA/ZOPA	BATNAを特定する	ZOPAを推測する	交渉する	合意する
Pros & Cons	評価観点を列挙する	分析する	定量的に評価する	選択する
Fit & GAP	要件を絞り込む	定量的に評価する	改善結果も含めて選択する	要件を見直す
ジレンマ	状況を認識する	選択肢を再考する	解決策を模索する	実行&評価する
PAC思考	現在の前提と仮定を整理する	新たな前提と仮定を整理する	仮定と結論の妥当性を高める	ロジックを検証する
オッカムの剃刀	現状を分析する	問題点を特定する	シンプル化する	実装&評価する
認知バイアス / 行動科学	適切な認識に改める	プラスの効果を生み出す	認知バイアス / 行動科学を逆手に取る	思い込みをただす

**本書内容に関する
お問い合わせについて**

このたびは翔泳社の書籍をお買い上げいただき、誠にありがとうございます。弊社では、読者の皆様からのお問い合わせに適切に対応させていただくため、以下のガイドラインへのご協力をお願い致しております。下記項目をお読みいただき、手順に従ってお問い合わせください。

● **ご質問される前に**

弊社Webサイトの「正誤表」をご参照ください。これまでに判明した正誤や追加情報を掲載しています。

正誤表
https://www.shoeisha.co.jp/book/errata/

● **ご質問方法**

弊社Webサイトの「書籍に関するお問い合わせ」をご利用ください。

書籍に関するお問い合わせ
https://www.shoeisha.co.jp/book/qa/
インターネットをご利用でない場合は、FAXまたは郵便にて、下記"翔泳社 愛読者サービスセンター"までお問い合わせください。電話でのご質問は、お受けしておりません。

● **回答について**

回答は、ご質問いただいた手段によってご返事申し上げます。ご質問の内容によっては、回答に数日ないしはそれ以上の期間を要する場合があります。

● **ご質問に際してのご注意**

本書の対象を超えるもの、記述個所を特定されないもの、また読者固有の環境に起因するご質問等にはお答えできませんので、予めご了承ください。

● **郵便物送付先およびFAX番号**

送付先住所　〒160-0006　東京都新宿区舟町5
FAX番号　　03-5362-3818
宛先　　　　（株）翔泳社 愛読者サービスセンター

※本書に記載されたURL等は予告なく変更される場合があります。
※本書の出版にあたっては正確な記述につとめましたが、著者や出版社などのいずれも、本書の内容に対してなんらかの保証をするものではなく、内容やサンプルに基づくいかなる運用結果に関してもいっさいの責任を負いません。
※本書に記載されている会社名、製品名はそれぞれ各社の商標および登録商標です。

PROFILE

吉澤準特
よしざわじゅんとく

外資系コンサルティングファーム勤務。ロジカルシンキング、ラテラルシンキング、クリティカルシンキングを組み合わせた「ビジネス思考フレームワークモデル」を提唱し、企業での研修や学校機関での講義を行っている。また、図解作成／文章術／仕事術／ファシリテーション／コーチングにも造詣が深く、関連するビジネス書籍を多数執筆している。SNS上で多くのフォロワーに対してこうした情報を発信している。

著書：
『ロジカルシンキングと問題解決の実践講座』（ソーテック社）
『"はかどる人"の整理思考』（新星出版社）
『超・整理術』（三笠書房）
『図解作成の基本』（すばる舎）
『資料作成の基本』（日本能率協会マネジメントセンター）
『外資系コンサルのビジネス文書作成術』（東洋経済新報社）
『外資系コンサルの仕事を片づける技術』（ダイヤモンド社）
など多数。

装丁・作図・組版	宮嶋章文・鈴木愛未（朝日新聞メディアプロダクション）
編集	関根康浩
イラスト	オリハラケイコ

思考の5分ドリル
3つの思考法と24のビジネスフレームワーク

2024年10月11日　初版第1刷発行
2025年 1月25日　初版第3刷発行

著者	吉澤 準特 (よしざわ じゅんとく)
発行人	佐々木 幹夫
発行所	株式会社 翔泳社（https://www.shoeisha.co.jp）
印刷・製本	日経印刷 株式会社

©2024 Juntoku Yoshizawa

※本書は著作権法上の保護を受けています。本書の一部または全部について（ソフトウェアおよびプログラムを含む）、株式会社 翔泳社から文書による許諾を得ずに、いかなる方法においても無断で複写、複製することは禁じられています。
※本書へのお問い合わせについては、238ページに記載の内容をお読みください。
※造本には細心の注意を払っておりますが、万一、乱丁（ページの順序違い）や落丁（ページの抜け）がございましたら、お取り替えいたします。03-5362-3705 までご連絡ください。

ISBN 978-4-7981-8199-8　Printed in Japan